# L'INVENTION DU PLAISIR

*Fragments cyrénaïques*

*Paru dans Le Livre de Poche :*

APOSTILLE AU CRÉPUSCULE
L'ARCHIPEL DES COMÈTES
L'ART DE JOUIR
CONTRE-HISTOIRE DE LA PHILOSOPHIE
1. Les Sagesses antiques
2. Le Christianisme hédoniste
3. Les Libertins baroques
4. Les Ultras des Lumières
5. L'Eudémonisme social
6. Les Radicalités existentielles
LE CRÉPUSCULE D'UNE IDOLE
CYNISMES
LE DÉSIR D'ÊTRE UN VOLCAN
ESTHÉTIQUE DU PÔLE NORD
FÉERIES ANATOMIQUES
LES FORMES DU TEMPS
MÉTAPHYSIQUE DES RUINES
PHYSIOLOGIE DE GEORGES PALANTE
POLITIQUE DU REBELLE
LA PUISSANCE D'EXISTER
LA RAISON GOURMANDE
LA SAGESSE TRAGIQUE. DU BON USAGE DE NIETZSCHE *(inédit)*
LA SCULPTURE DE SOI
THÉORIE DU CORPS AMOUREUX
THÉORIE DU VOYAGE *(inédit)*
TRAITÉ D'ATHÉOLOGIE
LE VENTRE DES PHILOSOPHES
LES VERTUS DE LA FOUDRE

*Collection dirigée par Jean-Paul Enthoven*

MICHEL ONFRAY

# L'Invention du plaisir

## Fragments cyrénaïques

LE LIVRE DE POCHE

ISBN : 978-2-253-94323-5 – 1re publication - LGF

*Sans plaisir, point de vie ;*
*le combat pour le plaisir est le combat pour la vie.*

NIETZSCHE, *Humain, trop humain*, § 104.

# PREMIÈRE PARTIE

## L'invention du plaisir

## *Une Atlantide philosophique*

Vingt-cinq siècles après la disparition physique d'Aristippe de Cyrène, la bibliographie en langue française demeure anormalement silencieuse sur cette figure cardinale de la philosophie antique. Rien sur le personnage ni sa doctrine, rien sur ses suivants ou les écoles qui s'en réclament. Quand son nom apparaît, il fonctionne en parangon du plaisir facile, un peu grossier, vaguement vulgaire, il semble un genre d'individu épais que telle ou telle frasque – danser déguisé en femme abondamment parfumé – interdirait de considérer comme un philosophe digne de ce nom. Un travesti se déhanchant dans un nuage d'effluves ne saurait figurer en bonne place dans le panthéon des penseurs appointés par l'Université ou les institutions qui la singent...

Les Présocratiques disposent depuis longtemps d'une doxographie (Voilquin, 1964), les Sophistes aussi (Dumont, 1964), de même les Sceptiques (Dumont, 1966), les Épicuriens

(Brun, 1971) et les Stoïciens (Brun, 1977), les Cyniques également, dernièrement servis avec Léonce Paquet en 1975. On chercherait en vain un courant de pensée antique encore oublié... Et pourtant, les Cyrénaïques s'activent entre le v^e^ et le III^e^ siècle avant Jésus-Christ, produisent des figures – Annicéris, Hégésias, Théodore, Antipatros... – et des courants de pensée, ils influencent des individualités tout autant marquées par le cynisme que par l'hédonisme cyrénaïque : Dion le Transfuge, Bion de Borysthène, Épicure et les siens entretiennent avec eux des relations plus que proches. Malgré la vivacité de cette sensibilité, rien n'existe sur le terrain bibliographique pour le prouver.

Bien évidemment le défaut de publications rassemblant fragments et témoignages contribue à l'épaississement du silence et à l'ignorance, puis à l'oubli du continent englouti. Une absence dans les bibliothèques et librairies induit une inexistence partout ailleurs où se devrait effectuer le travail de fouilles : les universités, les écoles, les centres de recherche et autres endroits habilités à pratiquer en archéologues de ces cités radieuses mais disparues. Pas de cours, de séminaires, de thèses, d'ouvrages, d'articles conséquents. Les conditions de survie manquant, comment la vie pourrait-elle se repérer ?

La tradition universitaire dominante se range à l'avis de Hegel pour qui Aristippe et les Cyrénaïques, au même titre que Diogène et les Cyniques, se réduisent à de pitoyables amuseurs, à des pitres vaguement frottés aux lieux communs philosophiques du moment, à des histrions sans importance tout juste connus pour avoir laissé des calembours, des jeux de mots et provoqué le bourgeois d'alors à coups de gestes, saillies ou théâtralisations farfelues. Sympathiques, peut-être, souriants, un peu, mais philosophes, sûrement pas... Enseigner autrement qu'avec des concepts fumeux et des discours pesants ? Édifier, convertir, appeler à une transfiguration de la vie quotidienne à l'aide d'existences exemplaires et joyeuses ? Transmettre en ayant recours au jeu, à l'humour, à l'ironie ? Et puis quoi encore...

Certes, on ne trouvera pas dans la nébuleuse cyrénaïque une doctrine compacte et construite à la manière d'un château fort imprenable ; on cherchera en vain des concepts brillants, dorés à l'or fin, impressionnants et intimidants, gages d'une évidente profondeur ; on se mettra sans succès en quête de développements abscons, lourds, indigestes, d'une rhétorique spécieuse et contournée, d'une logique d'exposition scolastique et gothique ; on ne débusquera pas un personnage conceptuel à même de garantir l'estampillage contemporain. Déception chez les tenants de la tradition et de l'adoubement corporatiste...

Aux antipodes de cette façon archaïque de

penser, Aristippe de Cyrène incarne une autre tradition philosophique à mettre en perspective avec les us et coutumes de l'époque hellénistique : il témoigne d'une façon d'être, de faire et de penser à même de fournir un modèle ; il montre et n'a cure de démontrer ; il incarne et en rajoute dans l'incarnation, car peu lui chaut de désincarner, de pratiquer l'abstraction de quintessence pour se donner l'air important d'un manieur de mots ou d'un saltimbanque du verbe ; il se déplace, va et vient, parle, interpelle ; il élit l'agora, le dehors ; il ouvre la philosophie sur le monde extérieur et ne la réserve pas aux spécialistes, aux docteurs et autres savants vissés à leur bureau ; il sollicite le marchand de salade, le cordonnier, la prostituée, le marin, le Prince tout aussi bien, et se moque bien d'une conversation entre philosophes. Autant d'outrecuidance et d'intempestivité lui interdisent le panthéon où somnolent Platon et Aristote...

## *Briser la perfide icône*

Quand ils ne souffrent pas d'un pur et simple oubli, les philosophes cyrénaïques doivent faire face à un double tir de barrage : soit la dépréciation qualitative, soit la déformation restrictive. D'un côté on trouve les ennemis idéologiques, ceux dont l'intérêt consiste à présenter une pensée caricaturée, imaginaire, donc d'autant plus facile à critiquer : Aristippe confiné à l'anecdote prise au pied de la lettre, mangeur, bâfreur, courtisan, travesti, pommadé, intéressé, cupide, grossier, débauché ; dans l'autre camp, celui des éventuels sympathisants, on se contente de rapporter la tradition colportée, on pille les encyclopédies, les dictionnaires et les ouvrages de vulgarisation qui réduisent la pensée d'Aristippe à quelques traits rapidement esquissés : défenseur du plaisir, quel qu'il soit, quoi qu'il en coûte, du plus trivial au plus élaboré, sans hiérarchie aucune, sans réflexion. Certes, on reconnaît à cet aimable plaisantin la capacité de mettre un peu d'ambiance dans les chaumières philosophiques, mais qu'on ne cherche pas plus loin trace d'un corpus sérieux...

Dans les deux cas, l'anecdote devient la fin en soi, elle ne sert pas à transmettre un contenu, ni à véhiculer une pensée, elle ne synthétise ni ne cristallise une idée mais se suffit à elle-même. D'où le triomphe du philosophe parfumé, habillé en femme, parasite chez Denys de Syracuse, se faisant payer son savoir – l'équivalent d'un Diogène le Cynique caricaturé et réduit à son tonneau, son bâton, sa besace, sa lanterne, son poulet déplumé et sa fameuse repartie à Alexandre. Restons-en à la drôlerie de la situation et négligeons la charge ironique : voilà comment l'on fabrique une icône vide de force idéologique, désertée par l'énergie critique, abandonnée par la puissance philosophique.

Transformés en personnages de farce, le Cynique et le Cyrénaïque ne présentent plus aucun intérêt, plus aucun danger, plus de risque... De son vivant déjà Épicure l'hédoniste – version ascétique – en fit les frais : pour éviter d'avoir à rencontrer sa doctrine de face, afin de refuser l'affrontement et la discussion ouverte, ses ennemis l'avaient travesti, lui, l'ascète si doué pour tous les renoncements, en glouton vomissant à chaque repas dans le dessein de retrouver rapidement le chemin de la table qu'il faisait dresser de manière somptueuse, en polygame libidineux ayant métamorphosé son Jardin en immense lupanar, en infâme personnage sans foi ni loi qui prostituait son frère, en voleur de la doctrine des autres – dont celle d'Aristippe sur le plaisir –, en flatteur d'hommes puissants, et autres malveillances du même tonneau... Pour discréditer la doctrine, commencez par calomnier l'homme, il en restera toujours quelque chose...

Même punition, donc, pour un Aristippe réduit à l'état de pourceau, de dépensier carabiné et cupide, de jouisseur prenant modèle sur les animaux les plus intempérants symboliquement – mouton, cochon et chien le plus souvent –, de courtisan ne reculant devant aucune bassesse dans le palais d'un tyran, d'acteur hystérique et sans consistance. Et les idées ? Pas d'idées chez Aristippe... Et la doctrine ? Pas de pensée chez ce comique... Et les considérations éthiques, morales ou théoriques ? Pas de réflexion sur le bien et le mal, pas de vertus, pas de propositions sur la vérité ou la connaissance chez ce clown grimé et parfumé...

On risque le même genre de rendez-vous manqué en lisant d'hypothétiques sympathisants. Ainsi F. A. Lange dont j'aime l'*Histoire du matérialisme* parce qu'elle propose un trajet philosophique à l'aide de figures habituellement sacrifiées : atomistes adbéritains, cyniques grecs, philosophes padouans, libertins du Grand Siècle, sensualistes anglais, matérialistes des Lumières et autres physiologistes athées, sans oublier, donc, les Cyrénaïques. Mais bizarrement, Aristippe (vers 435-vers 350 av. J.-C.) apparaît comme un philosophe du VI^e^ siècle avant notre ère (!) – et son portrait laisse nettement à désirer...

Fils d'un riche négociant de Cyrène – aucun fragment ne témoigne en ce sens –, élevé dans les idées du luxe et de la magnificence – selon quel texte ? –, remarquable par sa beauté et le charme de ses manières – en vertu de quels témoignages ? –, sa conversation spirituelle lui vaut de gagner à lui tous les cœurs – qui a écrit en ce sens ? –, doué d'un penchant naturel pour le faste et les jouissances – qui le dit ? –, Aristippe se serait prêté aux moindres caprices de Denys quand il était à Syracuse... J'imagine Lange bienveillant à l'endroit de son sujet et peu suspect d'antipathie, ni pour le personnage, ni pour les idées. Mais il faut vouloir singulièrement tracer un portrait qui corresponde à *l'idée* que l'on se fait d'un philosophe hédoniste pour tenir en si piètre estime sa *réalité*.

Car l'icône du bâfreur ne présente pas plus d'intérêt que celle du bellâtre, celle du grossier personnage non plus que le portrait de l'homme aux belles manières, le pourceau ne vaut pas mieux que le charmeur, ni le parfumé apprêté que le jouisseur-né. La haine ni la fascination, la faveur ni la défaveur ne conseillent justement, d'autant que ces *a priori* intellectuels et idéologiques dispensent d'aller au texte qui, seul, fait autorité : où, et dans quel fragment, Aristippe est-il assimilable à un animal dévergondé, lui qui affirme la nécessité de la mesure dans la volupté et l'obligation d'une arithmétique des plaisirs ? En regard de quel témoignage peut-on le transformer en débauché, dépravé et goinfre, alors qu'un texte le montre célébrant l'ascèse, la maîtrise, l'indépendance, la domination perpétuelle de soi sur soi ?

## *Cristallisation d'un refoulement*

L'oubli, la déconsidération ou l'hystérisation d'Aristippe et des Cyrénaïques mettent au jour le symptôme d'un refoulement dans l'histoire de la philosophie occidentale. D'un refoulement et d'une névrose. En l'occurrence le rejet du corps, toujours entendu comme l'ennemi de l'âme, l'entrave aux délices d'une union possible avec le principe céleste, qu'il prenne la forme de l'Idée, de l'Un-Bien ou du Dieu des monothéistes. Le corps refoulé produit notre civilisation sous la forme d'une névrose historiquement sublimée : la haine platonicienne de la chair, le culte rendu par les chrétiens à la pulsion de mort, la déconsidération généralisée de la terre, puis l'anathème lancé sur les désirs et les plaisirs, le tout doublé par la conversion de Constantin transformée en conversion de l'Empire tout entier aux joies du christianisme, voilà de quoi tenir l'hédonisme sous la férule. Justice des vainqueurs...

Haro, donc, sur toute pensée qui donnerait au corps, au plaisir, au désir, à l'incarnation, au sensible, au réel leurs véritables lettres de noblesse : il suffit, pour ce faire, de commencer par dénier à toute philosophie hédoniste la possibilité même d'être une philosophie. Et le tour est joué. Le christianisme, la patrologie tout entière – ah ! les imprécations de Tertullien, Lactance, Grégoire de Nazianze, Augustin et des Pères de l'Église contre Aristippe et les Cyrénaïques ! –, puis les philosophes idéalistes, spiritualistes, dualistes embouchent la trompette et jouent l'air de la calomnie. La mauvaise réputation d'Aristippe et consorts, le réflexe pavlovien qui associe sans coup férir le nom du penseur de Cyrène au plaisir grossièrement pris, voilà qui dispense d'aller plus loin. À qui viendrait l'idée saugrenue de vérifier dans le texte, d'aller consulter les fragments, pour constater que ce qui est dit correspond bien à la réalité, que la réputation ne cache pas autre chose ? À qui ?

Une réputation se réduit toujours à la somme des malentendus accumulés sur un nom, sur une œuvre, un concept, un travail. Indigents et incultes, mal informés et snobs, fainéants et familiers de l'instinct grégaire reproduisent à l'envi les lieux communs proférés sur Aristippe et son école, sans jamais, bien sûr, en appeler aux textes. Et pour cause... L'éclatement, la fragmentation, le morcellement, l'aspect chantier de fouille constellé de bric et de broc, la dispersion des témoignages à ciel ouvert, l'impossibilité de disposer d'une doxographie synthétique en langue française, tout contribue à la mise à l'écart des philosophes issus de Cyrène.

Par ailleurs, le refoulé de la civilisation entre en résonance avec le refoulé du lecteur, imprégné, fabriqué, infusé de cette idéologie qui dispose de la plupart des esprits par une capillarité insidieuse et permanente : contrairement à ce qu'un regard rapide sur notre époque laisse croire, l'idéal ascétique triomphe, et pas seulement sous la forme visible d'une macération de l'idéologie laïque dans le grand bain d'eau bénite à disposition depuis Constantin. Mais aussi dans les lieux communs recyclés d'une *doxa* du moment, la mode, qui invite au retour des logiques de punition du corps sous une abondance de travestissements qui trompent le plus grand nombre...

Tout individu lisant un philosophe qui l'interroge et l'interpelle sur l'articulation de ses aspirations et de ses jouissances, sa façon de mener son existence dans cette perspective ; toute personne abordant des réflexions sur le corps, la chair, le souci de soi et l'usage des plaisirs, pour le dire dans les termes du dernier Foucault ; tout sujet renvoyé à l'usage de son temps, à la place du loisir dans sa vie, au rang qu'il donne aux biens, à l'avoir, à l'argent, aux richesses ; tout lecteur qui aborde un passage l'invitant à penser son travail, sa famille, sa patrie – toutes ces subjectivités soucieuses ne peuvent manquer d'être inquiétées, chamboulées, travaillées. Lire l'exposé d'une doctrine hédoniste qui suscite et sollicite l'incarnation renvoie chacun au plus intime de sa vie. D'où une crainte, une angoisse, une inquiétude, voire un refus d'entendre le propos existentiel : Aristippe agit en mauvaise conscience socratique, en diable païen qui oblige à se mettre en jeu, à engager son existence du côté de la sagesse hédonique. Et qui le peut ? Qui est prêt ?

Doublement refoulée – par une civilisation qui la voit d'un mauvais œil et par des individualités troublées en présence d'une interpellation aussi radicale –, la philosophie cyrénaïque gît par le fond telle une Atlantide difficile à explorer. La doxographie s'occupe en priorité de pensées moins dangereuses, moins décapantes, moins radicales ou subversives. Pas étonnant de voir les métaphysiques présocratiques ouvrir le bal bibliographique et les imprécations cyniques le fermer – avant d'envisager qu'Aristippe le voluptueux rejoigne légitimement le peloton des philosophes grecs dignes de ce nom...

*Pour un triangle subversif*

La chance de Socrate coïncide avec sa malchance : elle a pour nom Platon, cette médaille à l'avers extraordinaire et au revers tragique. Le fameux tient en quelques mots : le Silène tient sa réputation universelle des dialogues platoniciens et du rôle qu'il y joue ; le douloureux également : Socrate persiste, et pour l'éternité, sous la seule figure brossée par Platon. Xénophon et Aristophane n'y peuvent rien, ce qui s'affirme depuis vingt-cinq siècles sur le maître ironiste passe presque exclusivement par ce que Platon en raconte. Certes, il assure son salut, mais à quel prix ! Coincé entre les idées pures et le ciel intelligible, collé le dos au mur pour assister en permanence au spectacle des choses en soi, figé et fixé dans sa mort même par le reportage gravé dans le marbre platonicien, Socrate vit sur une réputation – celle d'un acteur engagé dans le combat pour la philosophie idéaliste et dualiste.

La chance d'Aristippe de Cyrène, sa malchance également, procède d'une pareille logique : pas de thuriféraire, pas de sculpteur de buste pour l'éternité, pas de metteur en scène, pas d'assurance sur les millénaires, pas de dialogues où il jouerait un rôle cardinal pour la conservation de sa pensée, même légèrement tordue, viciée, pas d'interlocuteurs servis sur un plateau afin de lui permettre la repartie facile, l'ironie assurée, le retour intellectuel fracassant ou le brio attendu. Aristippe avance seul, certes, mais sans masque. Il paraît plus petit, bien évidemment, mais sa taille est la sienne, pas celle de l'ombre d'un autre. Il laisse une trace moindre en se déplaçant, pour sûr, mais elle correspond à son propre passage, pas à celui d'un chevau-léger.

Que la poignée de fragments cyrénaïques fasse difficilement le poids contre l'œuvre complète de Platon – plus de deux mille pages cohérentes et suivies en papier bible –, chacun en conviendra aisément. D'un côté un Parthénon encore debout, de l'autre un temple d'une semblable envergure, mais mis à terre et dont il ne reste au sol, épars, que fûts éclatés, colonnes explosées, stylobates renversés, triglyphes et métopes brisés. Ici ou là, une décoration sur le fronton, un détail de chapiteau, une cannelure presque effacée sur une pierre à demi enfouie. On suppose la majesté de l'édifice, on suppute la grandeur du bâtiment, mais dieu qu'il est difficile d'imaginer, puis de recoller les morceaux...

Aristippe ne combat donc pas à armes égales avec Socrate. Antisthène non plus, d'ailleurs. Pour de semblables raisons. Je pense toutefois que ces trois-là, Socrate sans l'ombre portée par Platon, puis Antisthène et Aristippe tous deux disponibles par une poignée de témoignages, de mots, de traits, de gestes, constituent un formidable triangle subversif qui gagne à être examiné en l'état, comme une figure singulière, Socrate enfin détaché de son encombrant serviteur. Et l'on rencontre alors trois tempéraments, trois styles, trois caractères, semblablement agencés pour construire leur existence telle une œuvre d'art. Chacun vise la paix avec lui-même, l'exemplarité éventuelle d'une doctrine, certes, mais d'abord la création d'une belle subjectivité pour soi. Les trois voulaient moins une école, des disciples, une cour, des défenseurs, des continuateurs que la réussite d'un projet majeur : l'excellence de leur passage sur terre.

L'ironie, la maïeutique, la sculpture de soi, l'ascèse, l'autonomie, l'indépendance, la construction de son individualité à l'écart des impératifs grégaires de l'époque, voilà le souci de ces trois figures radicales. Eudémonisme pour les trois, hédonisme pour Aristippe seulement, plus engagé dans la quête de la satisfaction, de la jubilation et du plaisir que Socrate et Antisthène, moins touchés par la grâce ludique. Mais ces trois chemins visent une même clairière, un même soleil, une même vérité : l'adéquation de soi à soi, au monde et aux autres. Tous les trois sculptent le matériau brut de la vie donnée avant l'obtention de l'existence élaborée.

Qu'on en finisse donc avec l'expression *petits Socratiques*, voire *Socratiques mineurs*, pour caractériser Aristippe parmi d'autres obscurs continuateurs de l'œuvre platonicienne : Eschine, Euclide, Phédon, Criton, Glaucon et autres Simmias ou Cébès. Sans la torsion platonicienne qui le transforme en personnage conceptuel vidé de sa substance et rempli par la volonté d'un tiers, il reste pour Socrate autant de zones d'ombre et de mystère qu'avec Antisthène le Cynique ou Aristippe de Cyrène. Renverser le platonisme passe également par la restauration, même en lui préférant une figure à trous, fragmentée, d'un Socrate enfin réhabilité pour lui-même. Antisthène et Aristippe peuvent agir en pôles magnétiques pour reconstituer ce triangle nécessaire à même de bouleverser sur le terrain philosophique l'ordre des préséances hellénistiques.

Restaurer Aristippe dans un semblant de vérité confine toutefois à la gageure. En effet, la presque totalité des informations le concernant sont sujettes à caution. N'allons pas – comme d'aucuns – jusqu'à nier son existence philosophique autonome en prétendant la confondre avec celle de son petit-fils, Aristippe le Métrodidacte, mais tâchons de démêler l'écheveau, car sur ce personnage s'accumulent plus d'ombres et d'approximations que de certitudes admirables... La pensée cyrénaïque s'offre sous la forme mutilée de fragments, la biographie également.

Dates de naissance et de décès pas très sûres – 435-356 av. J.-C. –; lieu d'enterrement inconnu – Athènes ou Cyrène ? – ; une poignée de voyages certains – Corinthe où il fricote avec la courtisane Laïs, Athènes où il rencontre Socrate et Gorgias, l'Asie Mineure où un satrape le fait prisonnier, Égine où il séjourne lors du jour fatidique de la ciguë, la Sicile, Syracuse en l'occurrence, pour rejoindre la cour de Denys, rien d'autre. Assez toutefois pour expérimenter la pleine mer, les tempêtes, voire les naufrages qui lui donnent l'occasion de leçons philosophiques... Visage inconnu, également, car les marbres barbus auxquels on associe parfois son nom représenteraient tout aussi bien Pyrrhon ou Carnéade, Diogène ou Épicure...

Aristippe avait pour père Aristade et pour mère Mira – ou Sonica. Il a engendré une fille, Arétè – « Vertu » ! – à qui l'on doit la succession de l'école cyrénaïque, mais aussi un fils – Mélanippos ? – vraisemblablement assez méchant et dépravé pour que son père, parangon d'une morale qui ne tergiverse pas, le mette à la porte... Une autre fille, Basilô, se serait suicidée après la mort sur un bûcher de son frère, peut-être le dépravé... On ignore tout de la mère d'un pareil zoo, mais l'on dispose de fragments qui montrent un Aristippe d'une violence rare et sans écho dans l'histoire de la philosophie à l'endroit des mythologies familialistes auxquelles, on s'en doute, il ne sacrifiait absolument pas...

L'homonymie avec Aristippe le Métrodidacte, son petit-fils, rend parfois difficiles les attributions et répartitions de ce qui revient à l'un ou à l'autre. De sorte que, forts du constat que le nom d'Aristippe n'apparaît à aucun moment dans les dialogues de Platon – sauf dans le *Phédon*, une fois, pour déplorer l'absence du penseur aux côtés de Socrate en prison – et qu'Aristote passe également son existence sous silence dans les passages consacrés au plaisir dans l'*Éthique à Nicomaque*, certains concluent qu'Aristippe de Cyrène n'avait rien à son actif philosophique qui pût être discuté, commenté, analysé et critiqué par les deux poids lourds en leur temps. En fait, le corpus de l'école n'aurait été constitué qu'avec son petit-fils, le fils d'Arétè, la fille de l'ancêtre.

Rien ne permet d'infirmer ou de confirmer cette hypothèse. Le silence d'un auteur sur l'œuvre et le travail d'un autre procède parfois de soucis peu nobles, comme dissimuler des influences patentes, faire silence sur une œuvre gênante par l'importance jouée sur le moment ou l'ombre dessinée aux pieds d'une pensée qu'on voudrait surgie du sol comme par magie. Que le *Philèbe*, dialogue tout entier consacré à la question du plaisir, ne mentionne à aucun moment l'existence du philosophe cyrénaïque fait sens, certainement. Mais quel sens ? Jalousie de Platon, qui, on le sait, ne l'aimait pas ? Désir de ne pas donner d'importance à un travail qu'il désapprouve en lui apportant la caution d'une citation, d'une mention, voire d'une critique ou d'une analyse ? Refus de considérer une pensée radicalement aux antipodes de sa célébration de l'idéal ascétique ? Mépris d'une réflexion tenue à l'écart par trop peu, à ses yeux, d'épaisseur et de consistance théorique ? Incapacité à retenir une geste qui se prenait si peu au sérieux ? (Car l'œuvre entier de Platon passe aussi bien sous silence Antisthène et Diogène qui, pourtant, existaient bien, eux aussi, de son vivant.) On ne saura... Force est de constater l'absence, une absence et un silence qui augurent du destin des Cyrénaïques dans les siècles à venir...

L'hypothèse d'un corpus constitué plus tardivement pour justifier le silence de Platon et d'Aristote a le mérite de donner une explication qui exclut le triste spectacle des mécanismes de pouvoir et de comédie humaine, la jalousie et les règlements de comptes avec lesquels on doit aussi composer dans le milieu des philosophes ! Cette seconde lecture transforme Aristippe le Métrodidacte en fondateur de la doctrine et oblige à en considérer la formulation comme postérieure à la rédaction de l'ouvrage qu'Aristote destinait à son fils. Soit un siècle après l'acmé d'Aristippe l'Ancien... J'opte plutôt pour un incompréhensible silence de Platon, voire pour le mépris d'une œuvre pas assez didactique et trop lyrique, trop peu apollinienne, trop dionysiaque, sinon pour des raisons peu avouables, humaines, trop humaines...

Pour ce qui reste d'à peu près sûr, biographiquement parlant, on peut retenir la naissance à Cyrène. Or la Cyrénaïque, région alors grecque – aujourd'hui libyenne –, fournit une excellente illustration à cette idée que la géologie induit une géographie qui, elle-même, appelle une histoire. Le plateau sur lequel culmine Cyrène accroche les vents venus de la Méditerranée, et les nuages chargés crèvent au-dessus de l'endroit – Hérodote disait qu'en ce lieu le ciel était percé... Les précipitations plus abondantes qu'ailleurs transforment la région en zone extrêmement fertile, d'où la profusion des productions frumentaires.

Par ailleurs, à Cyrène se récolte aussi le silphium, une plante ombellifère aujourd'hui disparue qui servait de condiment fameux et de médicament dans toute la Grèce. Elle se vendait à prix d'or et contribuait à la richesse du lieu au point que les monnaies en portaient une représentation stylisée sur leur face. De l'argent, donc, des richesses, du commerce, du luxe, la circulation d'hommes et d'idées : voilà l'ambiance historique et économique dans laquelle Aristippe apparaît. Pour autant, rien ne permet d'affirmer sa naissance dans un milieu aisé, comme on le lit parfois ici ou là...

### *Une machine de guerre antiplatonicienne*

En considérant ce qui reste visible de l'iceberg cyrénaïque, on peut avancer que la doctrine fourbit une véritable machine de guerre antiplatonicienne. Aristippe a connu Socrate, puis les Sophistes, enfin Platon qu'il a longuement côtoyé à la cour de Denys de Syracuse. Quelques échanges acides, amers, verts, témoignent de la tension entre les deux personnages. Aristippe connaissait l'enseignement de Socrate, la théorie des Idées, la suspicion généralisée lancée sur le corps et le plaisir. Contemporains, Cyniques, Cyrénaïques et Platoniciens ne peuvent manquer de fourbir leurs armes intellectuelles et philosophiques les uns en regard des autres. Comment imaginer le contraire ?

La lanterne de Diogène et son poulet sans plumes le montrent : au-delà de l'anecdote à laquelle se cantonnent les ennemis, le philosophe cynique défend une position nominaliste contre les Idées. En cherchant un Homme, l'Idée d'homme selon Platon, on ne trouve rien, y compris avec un lumignon allumé en plein jour. De même qu'on ne saurait définir cette catégorie ou la réduire à une poignée de mots du genre *bipède sans plumes*. Un volatile déplumé lancé par Diogène dans ses jambes contraindra Platon à ajouter : *bipède sans plumes*, certes, mais également *aux ongles plats*... Nul doute qu'Aristippe pense lui aussi contre Platon, et vice versa : les cours payants, les méthodes ironiques, la théâtralisation de la doctrine et la restauration du réel sensible agissent en boutoir efficace contre le penseur idéaliste.

La tradition lui reproche effectivement les honoraires, l'échange d'un savoir contre de l'argent sonnant et trébuchant. Socrate ne le faisait pas, ajoute-t-on pour déplorer la cupidité cyrénaïque... Argument supplémentaire pour éviter de transformer Aristippe en socratique, même mineur ! Les Sophistes en revanche agissaient de la sorte, on le sait, puisqu'ils déclenchaient le courroux d'un Socrate platonisé pour qui la quête du sens suppose la gratuité, du moins le seul effort intellectuel et non financier. D'où, bien souvent, la transformation et la présentation d'Aristippe en sophiste...

Le Cyrénaïque pratique la philosophie à la manière d'une thérapie, il pense son action comme celle du médecin : l'homme du commun est malade, il l'ignore, mais il l'est – malade de se tromper, d'évoluer dans l'erreur, de confondre le vrai et le faux, d'indexer son existence sur des principes fautifs. Pour le soigner, une consultation payante s'impose. L'argent suppose la reconnaissance d'un coût pour acquérir une sagesse et trouver sa vérité. Que disent d'autre les psychanalystes vingt-cinq siècles plus tard ? Le paiement du philosophe pour sa science avertie suppose que le patient sache qu'il en coûte de se débarrasser des opinions fausses qui empêchent la vigueur intellectuelle et la santé mentale.

Contre Platon et consorts de l'Académie, Aristippe, Antisthène et alliés inaugurent une méthode plus indexée sur le théâtre de rue que sur l'amphithéâtre universitaire. L'agora ouverte plutôt que l'espace fermé et confiné, l'exotérisme ludique en lieu et place de l'ésotérisme austère, la générosité joyeuse contre l'initiation élitaire, le rire, l'humour et l'ironie pour supplanter l'esprit de sérieux sous toutes ses formes : la geste cyrénaïque oppose une pratique scénographiée à une technique scolastique, elle suppose l'élargissement du proscenium à la vie et transfigure le réel en commedia dell'arte permanente. Le philosophe-artiste contre le philosophe sinistre, le bouffon, le clown contre le prêtre et le professeur, le cirque contre l'université... Quel vent frais et tonique souffle alors sur l'agora !

Enfin, Aristippe guerroie contre Platon en concentrant son souci philosophique sur le seul réel sensible : la vie, le corps, le plaisir, le désir, la chair, l'incarnation, le quotidien. Le contraire d'un Platon transformant le monde matériel en marchepied pour parvenir aux Idées. Chez lui, par exemple, le corps vaut seulement (voir *Le Banquet*) dans la mesure où il s'efface et laisse place après son utilisation comme un tremplin vers le Beau en soi. La revendication de l'ici et maintenant, de l'immédiateté concrète, la volonté de jouissance transformée en tension cardinale, voilà qui place Aristippe en vis-à-vis de Platon. « Chien royal », disait de lui Diogène, faux chien de faïence en l'occurrence face à l'ennemi et adversaire de toujours...

### *Le théâtre d'une pensée*

Les trous dans le portrait d'Aristippe se retrouvent malheureusement aussi dans la doctrine. Fragments de pensée, bouts d'idées, morceaux de théorie... Pire, ce qui subsiste s'arrache aux commentaires, la plupart malveillants, des philosophes qui combattent l'hédonisme cyrénaïque. Des lambeaux prélevés sur des procès ! Une catastrophe intellectuelle... Mais faisons avec, considérons ces phrases sauvées du naufrage comme une aubaine et n'oublions pas que les éventuelles contradictions, l'apparente incohérence, l'aspect chantier découlent moins de la qualité du corpus que de l'état dans lequel il nous parvient.

Imaginons un philosophe contemporain dont il ne resterait que des pages détachées de quelques-uns de ses livres, au hasard, des mots dans le désordre, des commentaires repris à l'un de ses ennemis, des citations tronquées parce que déjà reprises à un précédent glossateur, des idées faussement attribuées, par mauvaise volonté évidente ou par l'effet d'une lecture naïvement fautive, transposons-nous vingt-cinq siècles plus loin afin de brouiller les enjeux, les conditions de pensée, d'écriture et de production, effaçons l'évidence du terreau dans lequel se fabrique l'œuvre : voilà le capharnaüm philosophique et le décor campés !

Qu'on aborde donc le trésor cyrénaïque avec cette précaution d'emploi, sans comparer avec tel ou tel philosophe dont il reste les œuvres complètes, écrites sûrement de leur main, ou plusieurs centaines de pages cohérentes rédigées à la suite. Si l'on respecte cette condition préalable, on découvre un continent vraiment englouti, oublié, mais riche en potentialités. Le théâtre de la pensée cyrénaïque mérite qu'on s'y arrête, qu'on le lise en perspective avec Platon et les Cyniques, Socrate et le siècle de Périclès, Protagoras et les Sophistes.

Contre la lecture classique de la philosophie grecque qui privilégie l'axe ontologique de Parménide, l'idéalisme de Platon, le goût stoïcien pour l'autopunition, l'alexandrisme mystique de Plotin et la haine de soi chère aux Pères de l'Église, on peut préférer une autre ligne de force qui, elle, suppose : l'atomisme de Démocrite, le relativisme subjectif des Sophistes – eux aussi à déplatoniser –, Socrate rendu à lui-même, Diogène et sa cohorte cynique, Aristippe et ses Cyrénaïques, puis l'épicurisme de Lucrèce. Un continent idéaliste, du renoncement et de l'idéal ascétique innervé par la pulsion de mort ; un autre, matérialiste, nettement nourri par la pulsion de vie ludique et joyeuse.

Aristippe, donc. Les Cyrénaïques proposent une théorie de la connaissance qui s'apparente à celle des Sophistes – ce dont les Sceptiques se souviendront. On sait Protagoras affirmant l'homme mesure de toute chose. Avec cette thèse, la vérité une, universelle, absolue, éternelle et objective – platonicienne, donc – se trouve pulvérisée : selon l'œil sophiste, il n'existe que des vérités multiples, subjectives, relatives, personnelles et circonstancielles. Mort du Vrai en soi, mort, aussi, par conséquence, des autres idéaux, ces fictions mises en scène par Platon : le Juste, le Beau, le Bien en soi. Pour ce que l'on entr'aperçoit de l'option métaphysique des Sophistes – celle aussi des Cyrénaïques –, on songe au tardif nominalisme – dont la richesse demeure intacte, toujours à exploiter en nos temps postmodernes.

Non qu'on puisse conclure à l'identité du juste et de l'injuste, du beau et du laid, du bien et du mal, d'une chose et de son contraire, non qu'on soit fondé à conclure à un immoralisme, voire à un amoralisme de fait, mais avec cette option philosophique, on sera bien avisé d'affirmer que ce qui s'affiche ici comme le Bien, ou comme un bien, l'est selon la convention du moment, la décision collective d'une époque, la fiction d'un temps. En guise de vérité absolue, nous n'avons affaire qu'à un mythe social utile à la communauté pour réaliser la cohésion grégaire. Sous la plume de Nietzsche, beaucoup plus tard, on parlera de perspectivisme.

Le relativisme suppose donc, chez les Cyrénaïques, une théorie des affections, une pathologie, voire une pathétique : la connaissance passe par le corps du sujet qui s'y exerce. Le réel se réalise selon l'ordre de sensations intellectuellement organisées. Seul le corps sensuel accède aux informations. Le phénomène devient donc le critère de la vérité – du moins de ce qui passe pour tel et se nomme ainsi dans une configuration singulière. L'essence, demeure inconnaissable – pour la bonne raison qu'elle n'existe pas...

On ne saurait parvenir à l'épicentre de l'être afin de trouver une essence, puisque seule la superficie des choses peut être saisie – vue, entendue, touchée, appréhendée par les sens. D'où, conséquence métaphysique, l'évidence du solipsisme : chacun connaît pour soi, jamais il n'est sûr que ses informations puissent se communiquer, s'échanger et se partager véritablement. Nominalisme, perspectivisme, relativisme, subjectivisme, sensualisme, solipsisme : décidément, la modernité cyrénaïque crève l'écran de l'histoire de la philosophie...

## *Le principe d'autonomie*

Les Cyrénaïques n'aiment que la morale. À leurs yeux, la physique, les mathématiques et toutes les sciences ne présentent aucun intérêt, car seule importe la vie réussie – un projet dans lequel les chiffres comptent pour rien. D'où un nihilisme épistémologique clairement revendiqué, puis une concentration de tous les efforts philosophiques sur la question de la sagesse pratique et d'une morale à même de fournir des règles de vie, des indications existentielles, des raisons claires au comportement adéquat. Le philosophe ne s'occupe pas plus d'Idées pures que de Nombres, il se soucie comme d'une guigne des hochets qui excitent les Pythagoriciens. Ou les Platoniciens, leurs héritiers sur ce sujet comme sur tant d'autres...

Le but de la philosophie ? Bien vivre. Comme dans toutes les écoles dites hellénistiques – stoïcisme, épicurisme, cynisme –, on ne pense pas pour penser, on ne philosophe pas pour le plaisir narcissique de jongler avec des concepts impénétrables, des mots revêches ou des notions ébouriffées, mais pour métamorphoser son existence, faire de sa vie une œuvre cohérente, produire un style existentiel, incarner sa pensée dans une vie quotidienne, et ce dans le moindre détail : le vêtement, l'allure, l'apparence, mais aussi les gestes, les paroles, les actes, les silences, les retraits, les abstentions. La philosophie doit contaminer le moindre interstice biographique, elle insuffle un esprit, un paraclet païen repérable dans le plus petit, elle se manifeste dans l'infinitésimal. Aristippe témoigne.

Les Cyrénaïques veulent l'autonomie, au sens étymologique : la capacité à se donner soi-même ses propres lois, sans souci des règles collectives qui ajustent le rapport des autres entre eux. Le sage se suffit à lui-même, il ne vit pas par procuration, accroché comme un parasite à des fictions communautaires, suçant la moelle d'une mythologie grégaire pour se donner une consistance fictive, il n'a pas besoin d'un ordre transcendant et extérieur à lui puisqu'il obéit déjà à un ordre immanent, le sien, éthique et exigeant. Aristippe se veut libre, indépendant de tout : y compris du plaisir, contrairement à ce qu'une caricature habituelle fait de lui – un esclave de son corps, de ses passions, de ses désirs et pulsions.

Aristippe veut ne pas souffrir, mieux : il veut jouir. Sa singularité réside dans cette spécificité : il déborde les Eudémonistes qui se contentent d'un plaisir négatif (ne pas souffrir, éviter la peine, construire sa vie pour passer entre les gouttes) ou très pâle, voire décoloré, pour revendiquer la jouissance, la volupté, la joie. Pour ce faire, en regard de son sensualisme théorique, il restaure le corps dans sa dignité intégrale : le corps qui mange, boit, se parfume, qui s'habille et pense, se dorlote et réfléchit, un corps qui, au-delà de toute hiérarchie entre bons et mauvais plaisirs, veut aussi bien une excellente table avec de merveilleuses bouteilles qu'une conversation philosophique sur l'agora poursuivie par l'écriture d'un ouvrage.

Pour ne pas souffrir, pour construire son autonomie, rien de tel que l'affranchissement à l'endroit des chaînes habituelles : le travail, la famille et la patrie. Aristippe a clairement affirmé que ses rejetons l'intéressaient aussi peu que possible ; il n'avait pas le culte du travail, auquel, comme tous les Grecs, il préférait l'*otium* ; pas plus il ne se sentait d'ici ou d'ailleurs. Ne dépendre de rien ni de personne : voilà le fin mot de l'hédonisme. Libertaire, donc, car il ne met rien au-dessus de sa liberté, le Cyrénaïque ne se retrouve jamais confit en dévotions – religieuses, politiques, sociales, communautaires. Il fabrique son individualité à la manière d'un sculpteur soucieux de sortir une forme inédite du bloc de marbre brut.

## *Une arithmétique des plaisirs*

Dans la perspective de l'autonomie, Aristippe propose une diététique des plaisirs. Pas question d'une jouissance sans conscience, animale, grossière – comme aiment à le croire les ennemis de l'hédonisme. Non. Mais une jouissance mesurée – le terme apparaît nettement dans un fragment –, calculée, construite. Une tension et une ascèse, pas une détente, ni un avachissement. Une volonté, pas une faiblesse ; une dureté, pas de mollesse. La sagesse exige un travail de la conscience : un examen des conditions de possibilité du maximum de plaisir, un souci d'éviter le geste à payer d'un tant soit peu de déplaisir, une ardeur à opter pour toute jubilation sans mélange, d'où qu'elle vienne, pourvu qu'elle n'oblige pas à des conséquences dérangeantes. Aristippe ne défend pas n'importe quel plaisir, mais celui qui s'obtient à l'économie, avec la moindre facture.

Dans cette arithmétique du plaisir, il s'agit

d'éviter les extrêmes : ni mettre son existence au service de la jouissance, dans une quête perpétuelle, absolue, effrénée, épuisante, éreintante ; ni renoncer à toutes les joies de ce monde. Ni la débauche, ni le monastère. Celui qui met toute son énergie à écarter de lui la tentation avoue la permanence de la tentation, la soumission de toute son existence à cette lutte, il prouve, à son corps défendant, que le plaisir le travaille comme sa seule grande affaire, puisqu'il consacre la totalité de sa vie à se battre contre lui. Pas plus de moine obsédé de manière narcissique par son salut – payable d'un apparent renoncement au monde... – que de fêtard éviscéré par les jouissances chez Aristippe qui vise l'équilibre, la mesure, le juste milieu, l'endroit très exact où il est sûr de n'avoir pas à payer sa jubilation d'un quelconque prix douloureux, donc dommageable.

Brûler de plaisir, mais ne pas se laisser consumer par lui ; activer sans cesse l'incandescence, mais ne pas périr dans l'incendie ; se consumer, se dépenser, vouloir et viser l'ardeur et la flamme, mais tout faire pour ne pas basculer dans le brasier ; aller où l'on veut, conduire, diriger, maîtriser, s'entraîner en permanence, sans aucun temps mort ; prendre sans être pris, posséder sans être possédé : soumettre le réel à son esprit, à sa volonté et à sa décision. Rester autonome, maître de soi, établir sa puissance sur le monde et construire son existence pour n'avoir pas à subir le joug du réel sur soi : l'éthique cyrénaïque révèle un volontarisme chauffé à blanc.

Toujours il suppose le confinement avec les points de rupture, sur les bords, aux marges : ni trop, ni trop peu, ni en deçà du plaisir, ni au-delà. Ne pas renoncer aux jubilations, mais s'en réjouir sans excès, agir sans subir, ne pas avoir besoin : d'argent, de pouvoir, de luxe, de richesses, d'or, de festins. De même, ne pas refuser ces possibilités avec une ardeur violente ou une détermination farouche qui trahiraient, bien évidemment, une réactivité tout aussi suspecte par manque de sérénité. D'où la nécessité d'un souci permanent, d'un calcul perpétuel, d'une tension familière, parente des arcs bandés au maximum : une ascèse, le contraire d'un consentement aux pentes faciles...

L'esclave du plaisir n'est pas qui l'on croit : il semble plus à chercher chez les renonçants obsédés de mauvais traitements, de punitions, de souffrances, chez les spécialistes du cilice, chez les premiers chrétiens névrosés qui, pour tuer le corps à même de jubiler en eux, accèdent à de plus malsaines jubilations en s'emmurant vivants dans des prisons en plein désert, en s'exposant au sommet d'une colonne d'une vingtaine de mètres pour consacrer leur vie à la prière, en s'enduisant de miel dans le but de se faire dévorer par les moustiques afin de se punir d'en avoir écrasé un la veille, en élisant le terrier de la hyène pour vivre, ou un puits, véritable tombeau...

Orgueil, fausse humilité, narcissisme outrancier, mégalomanie mystique : Siméon au sommet de sa colonne, Thalèle dans sa cage, Acepsime transformé en brouteur, Macaire et son moustique – voilà les véritables esclaves du désir et du plaisir, ceux qui l'ont mis au centre de leurs préoccupations. Pas étonnant que les mystiques aient fasciné les érotomanes sadiens ou bataillien, encore chrétiens à force d'hystéries obsessionnelles : la sainte et le Divin Marquis, l'extase carmélitaine et la jouissance païenne des amateurs de bordels se rejoignent dans une même folie furieuse. Loin de l'hédonisme, ces trajets conduisent à l'amour de la mort, à la célébration du cercueil et du tombeau. Névroses nocturnes...

*Célébration du présent*

Pour n'être pas l'esclave et la chose des plaisirs, Aristippe transforme l'instant en pointe hédoniste et diamantine à vivre dans sa quintessence, à expérimenter absolument. Ne pas contaminer l'instant par la mémoire du passé ou la crainte des risques du futur. Trop souvent le présent se gâche par l'intromission en lui de mauvaises énergies venues en ligne directe du passé ou du futur : mauvais souvenirs, traces persistantes d'un hier ou d'un avant-hier, voire inquiétudes pour demain et ce qui ne va pas manquer d'advenir. Coincé entre un temps écoulé et un temps inexistant, le temps présent se déguste comme une liqueur fine et précieuse.

Émergeant dans une ligne où les seuls caprices de la représentation obligent à inventer la fiction d'un écoulé et d'un temps à écouler, le sage se contente de donner à l'ici et au maintenant une force magique et magnifique. Libéré des devoirs à l'endroit du temps d'avant et d'après, tous deux pétris de la matière dont on fait les songes, le philosophe accède à une dimension souvent oubliée, la plupart du temps négligée : habiter l'instant, s'installer dans l'immédiateté, ne pas se soucier du passé et du futur qui tiennent leur existence et consistance des seules représentations et créations mentales dangereuses. Agir sur ces fictions ouvre le champ des possibles et laisse place nette aux caprices hédonistes bien entendus.

Épicure s'en souviendra qui fabrique son quadruple remède à partir de ces intuitions cyrénaïques : ne pas craindre les dieux ; ne pas avoir peur de la mort ; savoir possible l'accès au bonheur ; et la suppression de la douleur. Cette pharmacopée à même de guérir du mal de vivre ne s'envisage que dans la perspective de l'instantanéisme aristippéen réactualisé : dans l'instant même, les dieux n'ont pas de place, car là où ils sont, s'ils sont – hors du temps –, ils ne sauraient se soucier des hommes –, qu'on se rassure, l'éternité et le présent n'entretiennent pas une relation de bon voisinage. De même avec la mort qu'on ne saurait craindre, car tant qu'on existe elle n'est pas – et pourquoi donc s'en inquiéter, sinon en se projetant dans le futur ? –, et quand elle sévit, on n'est plus en état d'expérimenter une hypothétique douleur. En conséquence, sachons vivre dans l'instant, la mort ne nous concerne que brièvement, dans un temps bref et sans douleur – car si l'on souffre on n'est pas mort, si l'on meurt, on ne souffre plus. Le bonheur s'atteint, si on le concentre dans sa dimension de prédilection, ni demain ni hier, ni dans la futurition ou la nostalgie, ni dans la remémoration d'un plaisir perdu ou à venir, mais dans la capacité à savourer la jubilation quand elle apparaît, là où elle se manifeste. Enfin, la douleur s'évite, il suffit de désinfecter l'instant, de refuser au réel négatif la possibilité de contaminer le présent en jubilant du moment, en sachant apprécier, quintessence de la sagesse, la jouissance du pur plaisir d'exister.

On constate aisément qu'Épicure a, ici comme ailleurs, abondamment utilisé Aristippe et les Cyrénaïques – de même Leucippe et Démocrite pour la physique atomiste et matérialiste – afin de fabriquer sa propre conception du monde. La diététique des désirs, l'arithmétique des plaisirs, le souci eudémoniste, la mécanique antiplatonicienne, la sagesse comme affranchissement des nécessités, le souverain bien identifié à la volupté, la célébration du principe d'autonomie et cette esthétique du temps présent désignent quelques parentés évidentes.

Bien sûr, les différences se repèrent tout autant : une autre définition du plaisir – la fameuse opposition catastématique et statique –, une ataraxie produite par la négation du négatif, une passion pour la physique mise au service de l'éthique, une austérité ascétique requise par le corps malade du maître du Jardin, de rigoureuses méthodes sectaires – au sens premier du terme – et non joyeuses ou théâtrales, etc. Mais tout autant que les suivants – Annicéris, Hégésias, Théodore –, puis de leurs écoles qui prennent des libertés à l'endroit d'Aristippe et de son enseignement, Épicure fait sans conteste partie des descendants eudémonistes de l'hédonisme cyrénaïque.

## *Politique de l'ironie*

Selon les principes cyrénaïques, à table, se goinfrer vaut philosophiquement jeûner, au lit, collectionner les femmes équivaut à faire vœu d'abstinence : contre les excès et les défauts, Aristippe énonce l'exigence de la corde raide, de la juste distance, de la bonne position. Il affirme la nécessité d'une eumétrie : ni trop loin, ni trop près. En politique, il pense de même. Bien évidemment sa présence à la cour de Denys de Syracuse lui a tôt valu l'épithète infamante de courtisan. Cet autre malentendu a beaucoup joué contre Aristippe, dès son vivant. Mais retenons de l'étymologie qu'un courtisan définit d'abord un individu vivant à la cour, pas forcément un flatteur, ni un démagogue. À cette cour, on peut aussi croiser Platon qui, vraisemblablement, met au point et cogite là sa théorie du philosophe-roi. Pourtant : comment un roi pourrait-il devenir philosophe sans, illico, pour preuve qu'il le serait, démissionner ? Peut-on, sinon, imaginer un philosophe qui accepterait, l'étant vraiment, de devenir prince ? Le philosophe à la caverne n'en souffle mot...

Aristippe ne croit pas transformer Denys en prince-philosophe – au contraire de Platon... Il pratique en cyrénaïque, à l'aise partout, ne s'interdisant rien ni personne, ne sollicitant pas plus l'oreille du tyran qu'il ne refuse de le côtoyer. Ni trop loin, ni trop proche valent pour l'esprit, le libre arbitre, la liberté, l'autonomie et l'indépendance. Trop près, ce serait dépendre, être soumis, avoir besoin. Or jamais Aristippe n'a vécu dans l'obligation de se soumettre à Denys pour vivre ou survivre. Il déambule dans le palais comme sur l'agora de Cyrène, avec la même indolence, animé par les mêmes idées, activant une semblable ironie. Au prince il parle comme s'il s'adressait à un marchand de légumes ou à un poissonnier occupé à son étal.

À la cour syracusaine de Denys, Aristippe ne s'en laisse pas compter, pas plus qu'ailleurs Antisthène, mais un peu plus, tout de même, qu'un Diogène systématiquement acerbe, hautain et distancié à l'endroit du Prince. Aristippe a toujours affirmé que la pratique de la philosophie lui avait appris à être partout lui-même et semblable à n'importe qui. Dans un palais ou dans la rue, chez les riches ou en compagnie des pauvres, avec un philosophe, ainsi Platon, ou un athlète des Jeux olympiques – auxquels il assista –, près des plus humbles et aux côtés des puissants, le sage reste lui-même, dans un genre d'apathie constante qui signe la sagesse, désigne la grandeur et souligne le détachement.

S'interdire la cour, parce qu'elle est la cour, suppose qu'on lui donne de l'importance, plus qu'elle n'en a. Une authentique indifférence s'interdit l'excès de relation : ni négative et réactive dans le refus, ni positive et complice dans la complaisance. Comme il fait payer son savoir ou demande de la monnaie à Denys, parce que l'argent ne vaut rien ; de même qu'il se parfume, mange et déguste de grands crus pour la raison que les parfums, les onguents, les mets fins, les vins sublimes et autres fariboles luxueuses comptent pour zéro en regard de l'essentiel, ou pas plus que leur absence ; au même titre qu'il fréquente une prostituée, ou plusieurs, car il n'y perd ni son âme ni son autonomie – Aristippe fréquente la cour de Denys de Syracuse : puisque c'est un endroit indifférent...

Indifférent, certes, mais pas si mauvais pour exercer avec raillerie une efficace politique de l'ironie. Car Aristippe ne désarme pas, ni dans cet Élysée autocratique, ni n'importe où ailleurs. Et, dans la doxographie, les fusées parties du philosophe en direction de l'homme de pouvoir témoignent en nombre. Des vacheries, des jeux de mots qui mettent en demeure Denys de répondre ou de se justifier, des plaisanteries acerbes, des interrogations, de l'ironie, amère parfois, du cynisme à la Diogène, Aristippe persiste et signe : partout et nulle part chez lui, étranger en tous lieux, mais autochtone en chaque endroit. Nomade, toujours, et jaloux de cette liberté radicale.

Ni patricien ni plébéien, ni esclave, ni seigneur, ni bourgeois, ni prolétaire, Aristippe se moque des grades, des hiérarchies, des sucreries qui préoccupent la plupart : l'argent et le pouvoir, la famille et le travail, les honneurs et les richesses, la réputation et la considération. Autonome, indépendant, sujet radical et subjectivité radieuse, individu solaire et solitaire, il applique et implique sa philosophie dans sa vie quotidienne, il témoigne pour l'incarnation, sous toutes ses formes. À Socrate qui lui demandait laquelle des deux vies lui semblait la plus agréable, celle des gens qui commandent ou celle des personnes qui se font commander, Aristippe répondait : « Il y a une route moyenne où j'essaie de marcher. Cette route ne passe ni par le pouvoir, ni par l'esclavage, mais par la liberté, qui est le grand chemin du bonheur. » On connaît maintenant la route – désormais plus personne n'a d'excuses...

Michel ONFRAY.

# DEUXIÈME PARTIE

## Fragments cyrénaïques

SOMMAIRE

## FRAGMENTS BIOGRAPHIQUES

1. Parfumé sur l'agora
2. Le naufrage, leçon d'indépendance
3. Démystifier la paternité
4. Le contemporain impliqué
5. Absent au procès de Socrate
6. Le célibataire amoureux
7. La rémunération thérapeutique
8. La mécanique de l'argent
9. Objets philosophiques

## FRAGMENTS THÉORIQUES

*1. Une théorie de la connaissance*

A. Une pathétique d'affections subjectives

B. Un nihilisme épistémologique

C. Apparence et vérité

*2. Une éthique hédoniste*

A. Le souverain bien

B. Le plaisir, principe téléologique

C. Évitement du déplaisir

*3. Une sagesse pratique*

A. Utilité de la philosophie

B. Ascèse et maîtrise

C. Une intersubjectivité ironique

*4. Une politique critique*

A. Dynamique de l'éducation

B. L'exercice courtisan

C. Ni commander, ni obéir

## FRAGMENTS CRITIQUES

### *1. Les disciples*

A. Les Cyrénaïques
- Aristippe le Métrodidacte
- Aristote le Cyrénaïque
- Antipatros de Cyrène
- Aristoxène de Cyrène
- Denys le Transfuge

B. Hégésias

C. Les Hégésiaques

D. Annicéris

E. Les Annicériens

F. Théodore

G. Les Théodoriens

H. Épicure

I. Les Épicuriens

### *2. Les imitateurs*

A. Les lettres socratiques

B. Les lettres cyniques

*3. La critique*

A. Xénophon et comparses

B. Lucien de Samosate

*4. Les adversaires*

A. Platon

B. Aristote

C. Sextus Empiricus

D. Les Stoïciens

E. Les Chrétiens

## LISTE DES ÉDITIONS ET TRADUCTIONS UTILISÉES

Anonymes, fragments divers : traduction spéciale, pour cette édition, de Smaranda Badilita, 2001.

APULÉE, *Les Florides*, in *Œuvres complètes*, trad. M. Nisard, éd. J.-J. Dubochet, 1843 ;

*De la doctrine de Platon*, in *Œuvres complètes*, tome I, trad. M. Nisard, éd. J.-J. Dubochet, 1843.

ARISTOTE, *Métaphysique*, trad. J. Tricot, Librairie philosophique Jean Vrin, 1974 ;

*Éthique à Nicomaque*, trad. J. Tricot, Librairie philosophique Jean Vrin, 1979 ;

*Rhétorique*, trad. Médéric Dufour et André Wartelle, Gallimard, coll. « Tel », 1998.

Arnobe, *Contre les païens,* trad. spéciale pour cette édition : Smaranda Badilita, 2001.

Athénée de Naucratis, *Les Deipnosophistes*, livres I et II, trad. A.-M. Desrousseaux, Les Belles Lettres, 1956. Pour les fragments extraits des livres suivants, trad. spéciale pour cette édition : Smaranda Badilita, 2001.

Augustin, *La Cité de Dieu*, in *Œuvres choisies*, trad. M. Nisard, éd. J.-J. Dubochet, 1845. Voir également, récemment parues, les traductions de la Bibliothèque de la Pléiade sous la direction de Lucien Jerphagnon.

Aulu-Gelle, *Nuits attiques*, in *Œuvres complètes*, trad. M. de Chaumont, Flambart et Buisson, éd. Garnier Frères, 1863.

Ausone, *Opuscules*, in *Idylles*, tome I, trad. E. F. Corpes, éd. C.L.F. Panckoucke, 1843.

Callimaque, *Épigrammes et Hymnes*, trad. Émile Cahen, Les Belles Lettres, coll. des Universités de France « Guillaume Budé », 1972.

Cicéron, *Premiers Académiques*, in *Les Stoïciens*, trad. Émile Bréhier, Gallimard, coll. « Bibliothèque de la Pléiade », 1962 ;

*Lettres à sa famille*, in *Œuvres complètes*, tome I, trad. M. Nisard, éd. J.-J. Dubochet, 1843 ;

*Des vrais biens et des vrais maux*, in *Œuvres complètes*, tome I, trad. M. Nisard, éd. J.-J. Dubochet, 1843 ;

*Rhétorique ou De l'invention oratoire*, in *Œuvres complètes*, tome I, trad. M. Nisard, éd. J.-J. Dubochet, 1843 ;

*De la nature des dieux*, in *Œuvres complètes*, tome I, trad. M. Nisard, éd. J.-J. Dubochet, 1843 ;

*Traité des devoirs,* in *Les Stoïciens*, trad. Émile Bréhier, Gallimard, coll. « Bibliothèque de la Pléiade », 1962 ;

*Les Trois Dialogues de l'orateur*, in *Œuvres complètes*, tome I, trad. M. Nisard, éd. J.-J. Dubochet, 1843 ;

*Hortentius,* trad. spéciale pour cette édition : Smaranda Badilita, 2001 ;

*Les Tusculanes,* trad. Jules Humbert, Les Belles Lettres, 1931.

CLÉMENT D'ALEXANDRIE, *Stromates*, trad. Cl. Mondésert, Éd. du Cerf, coll. « Sources chrétiennes », 1954.

CLÉMENT DE ROME, *Homélies,* trad. spéciale pour cette édition : Smaranda Badilita, 2001.

*Les Cyniques grecs. Fragments et témoignages,* éd. par Léonce Paquet, Éd. de l'université d'Ottawa, 1975.

DÉMÉTRIUS DE PHALÈRE, *Du style,* trad. spéciale pour cette édition : Smaranda Badilita, 2001.

DIODORE DE SICILE, *Bibliothèque historique,* trad. spéciale pour cette édition : Smaranda Badilita, 2001.

DIOGÈNE d'OENANDA, *Fragments,* in *La Philosophie épicurienne sur pierre*, trad. Alexandre Étienne et Dominic O'Meara, Éd. universitaires Fribourg (Suisse) – Éd. du Cerf (Paris), 1996.

DIOGÈNE DE SINOPE (Pseudo-), *Lettres de Diogène et Cratès*, trad. G. Rombi, Actes Sud, coll. « Babel », 1998.

DIOGÈNE LAËRCE, *Vies et doctrines des philosophes illustres,* trad. sous la direction de Marie-Odile Goulet-Cazé, Le Livre de Poche, La Pochothèque, coll. « Les Classiques modernes », 1999.

DION CHRYSOSTOME, *Discours bithyniens,* trad. spéciale pour cette édition : Smaranda Badilita, 2001.

ÉLIEN, *Traité sur la nature des animaux,* trad. spéciale pour cette édition : Smaranda Badilita, 2001 ;

*Histoire variée,* trad. Alessandra Lukinovitch et Anne-France Morand, Les Belles Lettres, coll. « La Roue à livres », 1991.

ÉPICURE, *Lettre à Ménécée*, in *Lettres et Maximes*, trad. Marcel Conche, PUF, coll. « Épiméthée », 1995 ;

*Fragments*, in *Lettres et Maximes*, trad. Marcel Conche, PUF, coll. « Épiméthée », 1995.

ÉPIPHANE DE SALAMINE, *Contre les hérésies,* trad. spéciale pour cette édition : Smaranda Badilita, 2001.

EUCHÈRE, *Du mépris du monde*, trad. spéciale pour cette édition : Smaranda Badilita, 2001.

EUSÈBE DE CÉSARÉE, *Préparation évangélique,* trad. spéciale pour cette édition : Smaranda Badilita, 2001.

EUSTATHE DE THESSALONIQUE, *Homélies,* trad. spéciale pour cette édition : Smaranda Badilita, 2001.

GALIEN, *Exhortations*, trad. spéciale pour cette édition : Smaranda Badilita, 2001.

*Gnomologie monacale latine*, trad. spéciale pour cette édition : Smaranda Badilita, 2001.

*Gnomologie vaticane*, trad. spéciale pour cette édition : Smaranda Badilita, 2001.

Grégoire de Corinthe, *À Hermogène*, trad. spéciale pour cette édition : Smaranda Badilita, 2001.

Grégoire de Nazianze, *Discours théologiques,* trad. spéciale pour cette édition : Smaranda Badilita, 2001.

Héraclide le Pontique, *Sur le plaisir*, trad. spéciale pour cette édition : Smaranda Badilita, 2001.

Hésychiaste, *Des hommes illustres*, trad. spéciale pour cette édition : Smaranda Badilita, 2001.

Horace, *Épîtres*, trad. François Villeneuve, Les Belles Lettres, coll. des Universités de France « Guillaume Budé », 1967 ;

*Satires*, trad. François Villeneuve, Les Belles Lettres, coll. des Universités de France « Guillaume Budé », 1969.

Jean Chrysostome, *Homélies,* trad. spéciale pour cette édition : Smaranda Badilita, 2001.

Jean Damascène, *Florilège,* trad. spéciale pour cette édition : Smaranda Badilita, 2001.

Jérôme, *L'Église*, trad. spéciale pour cette édition : Smaranda Badilita, 2001.

LACTANCE, *Épitomé des institutions divines*, trad. Michel Perrin, Éd. du Cerf, coll. « Sources chrétiennes », 1987.

LIBANIOS, *Apologie de Socrate,* trad. spéciale pour cette édition : Smaranda Badilita, 2001.

LUCIEN DE SAMOSATE, *La Double Accusation,* in *Dialogues satiriques, philosophiques et divers petits traités*, trad. Belin de Ballu, éd. Lefèvre, 1841 ;

*Vie de Démonax,* in *Dialogues satiriques, philosophiques et divers petits traités*, trad. Belin de Ballu, éd. Lefèvre, 1841 ;

*Le Parasite,* in *Œuvres complètes*, trad. E. Talbot, Hachette, 1857 ;

*Ménippe,* in *Œuvres complètes*, trad. E. Talbot, Hachette, 1857 ;

*Dialogues des morts,* trad. M.-C. Leprevost, Hachette, 1867 ;

*Histoire véritable,* in *Romans grecs et latins*, trad. Pierre Grimal, Gallimard, coll. « Bibliothèque de la Pléiade », 1958 ;

*Les Sectes à l'encan,* in *Dialogues satiriques, philosophiques et divers petits traités*, trad. Belin de Ballu, éd. Lefèvre, 1841.

LUCILIUS, *Satires*, trad. F. Charpin, Les Belles Lettres, coll. des Universités de France « Guillaume Budé », 1979.

Maxime de Tyr, *Dissertations,* trad. spéciale pour cette édition : Smaranda Badilita, 2001.

Minucius Felix, *Octavius,* trad. spéciale pour cette édition : Smaranda Badilita, 2001.

Philodème, *De la rhétorique,* trad. spéciale pour cette édition : Smaranda Badilita, 2001.

Philon d'Alexandrie, *Œuvres,* trad. Jean Pouilloux, Éd. du Cerf, 1963.

Philostrate, *Vie d'Apollonios de Tyane,* in *Romans grecs et latins*, trad. Pierre Grimal, Gallimard, coll. « Bibliothèque de la Pléiade », 1958.

Platon, *Phédon,* in *Œuvres complètes*, tome I, trad. Léon Robin, Gallimard, coll. « Bibliothèque de la Pléiade », 1950.

Plutarque, *Vies des hommes illustres*, tome II, trad. Amyot, éd. G. Walter, Gallimard, coll. « Bibliothèque de la Pléiade », 1951 ;

*Contre Colotès*, in *Du stoïcisme et de l'épicurisme*, trad. Ricard, éd. Sand, coll. « Sagesse et Spiritualité », 1996 ;

*Sur les progrès dans la vertu*, in *Œuvres morales*, tome I, trad. Ricard, éd. Didier, 1844 ;

*Sur l'éducation des enfants,* in *Œuvres morales*, tome I, trad. Ricard, éd. Didier, 1844 ;

*Sur la fortune ou la vertu d'Alexandre*, in *Œuvres morales*, tome II, trad. Ricard, éd. Didier, 1845 ;

*La vertu est le fruit de l'enseignement*, in *Œuvres morales*, tome II, trad. Ricard, éd. Didier, 1845 ;

*Des moyens de réprimer la colère*, in *Œuvres morales*, tome II, trad. Ricard, éd. Didier, 1845 ;

*De la tranquillité de l'âme*, in *Œuvres morales*, tome II, trad. Ricard, éd. Didier, 1845 ;

*De l'amour des pères et des mères pour leurs enfants*, in *Œuvres morales*, tome II, trad. Ricard, éd. Didier, 1845 ;

*Si le vice suffit pour rendre malheureux*, in *Œuvres morales*, tome II, trad. Ricard, éd. Didier, 1845 ;

*De la curiosité,* in *Œuvres morales*, tome II, trad. Ricard, éd. Didier, 1845 ;

*De l'exil*, in *Œuvres morales*, tome III, trad. Ricard, éd. Didier, 1845 ;

*Les Symposiaques, ou les Propos de table*, in *Œuvres morales*, tome III, trad. Ricard, éd. Didier, 1845 ;

*De l'amour*, in *Œuvres morales*, tome III, trad. Ricard, éd. Didier, 1845 ;

*Les Opinions des philosophes*, in *Œuvres morales*, tome IV, trad. Ricard, éd. Didier, 1845 ;

*Des contradictions des Stoïciens*, in *Œuvres morales*, tome IV, trad. Ricard, éd. Didier, 1845 ;

*Des notions communes contre les Stoïciens*, in *Œuvres morales*, tome IV, trad. Ricard, éd. Didier, 1845 ;

*On ne peut vivre en suivant la doctrine d'Épicure*, in *Œuvres morales*, tome V, trad. Ricard, éd. Didier, 1845 ;

*Traité d'Isis et d'Osiris*, in *Œuvres morales*, tome V, trad. Ricard, éd. Didier, 1845 ;

*De la vie et de la poésie d'Homère*, trad. spéciale pour cette édition : Smaranda Badilita, 2001 ;

*Fragments*, in *Œuvres morales*, tome V, trad. Ricard, éd. Didier, 1845.

PORPHYRION, *Commentaires sur les Épîtres et Satires d'Horace,* trad. spéciale pour cette édition : Smaranda Badilita, 2001.

Proclus, *À Hésiode,* trad. spéciale pour cette édition : Smaranda Badilita, 2001.

Quintilien, *L'Institution oratoire*, in *Œuvres complètes*, tome III, trad. Panckoucke et Ouizille, éd. Fourier Frères.

Sénèque, *Lettres à Lucilius*, in *Œuvres complètes*, trad M. Charpentier et Félix Lemaistre, éd. Garnier Frères ;

*Des bienfaits*, in *Œuvres complètes*, trad. M. Nisard, éd. Firmin Didot, 1837 ;

*De la tranquillité de l'âme*, trad. M. Nisard, éd. Firmin Didot, 1837.

Sextus Empiricus, *Contre les mathématiciens,* trad. spéciale pour cette édition : Smaranda Badilita, 2001 ;

*Les Esquisses pyrrhoniennes*, in *Œuvres choisies*, trad. Jean Grenier et Geneviève Goron, Aubier-Montaigne, coll. « Bibliothèque philosophique », 1948.

Socrate (Pseudo-), *Lettres,* trad. spéciale pour cette édition : Smaranda Badilita, 2001.

Stobée, *Florilège,* trad. spéciale pour cette édition : Smaranda Badilita, 2001.

Strabon, *Géographie,* trad. spéciale pour cette édition : Smaranda Badilita, 2001.

Suidas, *Lexique*, trad. spéciale pour cette édition : Smaranda Badilita, 2001.

Tatien, *Discours aux Grecs,* trad. spéciale pour cette édition : Smaranda Badilita, 2001.

Télès, *Sur l'exil*, in *Les Cyniques grecs. Fragments et témoignages*, éd. par Léonce Paquet, Éd. de l'université d'Ottawa, 1975.

Tertullien, *Apologétique*, in *Œuvres choisies*, trad. M. Nisard, éd. J.-J. Dubochet, 1845.

Thémistius, *Oraisons,* trad. spéciale pour cette édition : Smaranda Badilita, 2001.

Théodoret de Cyr, *Thérapeutique des maladies helléniques*, trad. Pierre Canivet, Éd. du Cerf, coll. « Sources chrétiennes », 1958.

Valère Maxime, *Du fait et des paroles mémorables*, in *Œuvres complètes*, trad. M. Nisard, éd. J.-J. Dubochet, 1841.

Vitruve, *De l'architecture*, in *Œuvres complètes*, trad. M.Nisard, éd. J.-J. Dubochet, 1846.

Xénophon, *Les Mémorables*, in *Œuvres complètes*, tome III, trad. Pierre Chambry, Flammarion, coll. « GF », 1967.

# FRAGMENTS BIOGRAPHIQUES

## *1. Parfumé sur l'agora*

Cher Timocrate, « tu ressembles à un homme de Cyrène », comme il est dit dans le *Tindare* d'Alexis.

Car là-bas, si quelqu'un invite une seule personne
à un banquet, dix-huit autres s'y ajoutent,
ainsi que dix chars et quinze chariots ;
et tu es obligé de nourrir tout ce monde,
si bien que la meilleure chose aurait été de n'avoir invité personne.

ATHÉNÉE, XII, 510 a, éd. Kaibel.

Aristippe menait grand train de vie, semble-t-il, et se promenait en habits de pourpre.

TATIEN, *Discours aux Grecs*, 2, éd. Otto.

On admire Aristippe de ce qu'il conservait également sa bonne mine sous un vil manteau et sous la laine de Milet.

PLUTARQUE, *Sur la fortune ou la vertu d'Alexandre*, p. 171.

C'est pourquoi un jour Straton, selon d'autres Platon, lui dit : « Il n'y a que toi qui puisses porter aussi bien une chlamyde que des haillons. »

Diogène Laërce, II, 67.

Comme quelqu'un lui avait proposé une énigme et lui disait : « Dénoue », il répondit : « Pourquoi veux-tu, stupide, dénouer ce qui, même attaché, nous met dans l'embarras ? »

Diogène Laërce, II, 70.

Tandis que quelqu'un, un jour, l'injuriait, il s'éloigna. Comme l'autre le poursuivait et lui demandait : « Pourquoi fuis-tu ? », Aristippe répondit : « Parce que, si toi tu as la liberté de dire des injures, moi j'ai celle de ne pas les écouter. »

Diogène Laërce, II, 70.

Comme quelqu'un lui disait qu'il voyait toujours les philosophes à la porte des riches, il dit : « Les médecins aussi sont aux portes des malades ; aucun pourtant ne choisirait d'être malade plutôt que médecin. »

Diogène Laërce, II, 70.

Le courage et la témérité sont deux choses différentes. Le courage est raisonnable, la témérité va de pair avec l'effronterie. C'est le cas du philosophe Aristippe.

*Schol. in apoll. Rhod. Argon.*, II, 77, éd. Wendel.

Il se parfumait tout en disant : « Car aux fêtes de Bacchus, celle qui est sage ne saurait être corrompue. »

ATHÉNÉE, XII, 544 b, éd. Kaibel.

Je connais aussi le mot d'Aristippe de Cyrène. Ce dernier vivait dans le luxe ; il pose à quelqu'un cette question captieuse : un cheval frotté de parfum ne perd pas ses qualités de cheval ni un chien parfumé ses qualités de chien – donc un homme non plus, poursuivait-il en concluant.

CLÉMENT D'ALEXANDRIE, *Le Pédagogue*, II, VIII, 64, 1, p. 170.

Aristippe le philosophe, qui se frottait de parfums, répétait que les débauchés devaient mourir misérablement, misérables pour avoir rendu infamant un parfum bienfaisant.

CLÉMENT D'ALEXANDRIE, *Le Pédagogue*, II, VIII, 69, 1, p. 173.

La chose la plus extraordinaire, c'est que ces jeunes gens ont toutes sortes de richesses à leur disposition, et jusqu'à la satiété, des richesses auxquelles les Sybarites mêmes n'auraient jamais pensé et qu'Aristippe, le philosophe le plus amoureux de luxe, n'aurait lui non plus jamais possédées.

ANECD., OXON. III, p. 168, 1, éd. Cramer.

En s'aspergeant de parfums Aristippe ne fait-il pas une chose agréable à Aphrodite ?

CLÉMENT DE ROME, *Homélies*, v. 147, éd. Migne, P.G. II, coll. 188.

Aristippe, prenant un jour plaisir à respirer des parfums : « Maudits soient, dit-il, les efféminés qui ont compromis une aussi douce chose ! »

SÉNÈQUE, *Des bienfaits*, XXV, p. 259.

Alors qu'on lui reprochait un jour de mener grand train de vie, il dit : « Si ce comportement était mauvais, on ne l'adopterait pas lors des fêtes des dieux. »

DIOGÈNE LAËRCE, II, 68.

Et Aristippe, je veux dire, l'esclave du plaisir ;
(...)
Grande était la franchise de parole du Cyrénaïque,
Il a mélangé la liberté et la mollesse
en corrompant le beau par une amère doctrine,
Il sentait le parfum et en offrait à tous ses invités,

Ses bonnes manières et sa finesse d'esprit
n'étaient pour lui que de simples moyens de tirer des profits.
Ainsi, une fois où le sage Archélaos offrit en cadeau
une robe de femme (je ne sais ni comment, ni pour quelle raison),
Platon la refusa nettement en citant ce vers d'Euripide :
« Pas question pour moi de porter une robe de femme »,
Tandis qu'Aristippe, dès que ce cadeau offert par un homme
arriva entre ses mains, l'accepta sur-le-champ en répliquant
par un iambe encore plus recherché :
« Car aux fêtes de Bacchus, celle qui est sage
ne saurait être corrompue. »

GRÉGOIRE DE NAZIANZE, *Discours théologiques*, II, 10, éd. Migne, P.G. XXXVII, coll. 702.

Il fait mention, dans son discours *Sur les juges*, de celui qui avait gratuitement défendu Aristippe qui, lui, n'avait pas le droit à la parole.

PHILODÈME, *De la rhétorique,* fr. 12, col. XLI, Sudhaus.

Au logographe, qui avait plaidé avec succès sa cause, et qui, ensuite, lui demandait : « En quoi Socrate t'a-t-il aidé ? », il répondit : « En ceci que les paroles que tu as dites pour ma défense sont vraies. »

DIOGÈNE LAËRCE, II, 71.

Comme quelqu'un l'injuriait parce qu'il avait été banni de Cyrène, sa patrie, Aristippe répliqua : « Oui, jeune homme, ma patrie m'a fait une grande injustice en me chassant de la Libye pour la Grèce. »

*Gnomologie vaticane*, 743, n. 28.

À Charondas – ou selon d'autres à Phédon – qui demandait : « Qui s'est parfumé ? », il répondit : « C'est moi le misérable, mais il y a plus misérable que moi, à savoir le roi des Perses. Attention cependant : si être parfumé n'enlève rien de ses qualités à aucun autre vivant, il en est de même pour l'homme. Puissent périr de male mort ces méchants débauchés, quels qu'ils soient, qui discréditent notre beau parfum ! »

DIOGÈNE LAËRCE, II, 76.

Interrogé sur la façon dont mourut Socrate, il répondit : « De la façon dont moi-même je souhaiterais mourir. »

DIOGÈNE LAËRCE, II, 76.

Le Sophiste Polyxène lui rendit un jour visite ; à la vue des femmes qui étaient là et des aliments coûteux, il fit des reproches à Aristippe, lequel lui demanda quelques minutes après : « Peux-tu, toi aussi, te joindre à nous aujourd'hui ? » Polyxène ayant répondu affirmativement, Aristippe dit : « Pourquoi donc m'avoir blâmé ? Car apparemment, ce que tu nous reproches, ce n'est pas la table, mais ce qu'il a fallu dépenser. »

DIOGÈNE LAËRCE, II, 76, 77.

Il blâmait les hommes de faire résonner les ustensiles dans les boutiques du marché et de se fier au hasard pour mettre à l'épreuve les genres de vie. D'autres attribuent ce mot à Diogène.

DIOGÈNE LAËRCE, II, 78.

Aristippe dit à son frère : « Rappelle-toi que tu es à l'origine de la séparation et moi de la réconciliation. »

STOBÉE, *Florilège*, IV, 27, 19, éd. Wachsmuth-Hense.

Le matin nous enterrions Mélanippos ; au coucher du soleil c'est sa jeune sœur, Basilô, qui se donne la mort ; son frère par elle mis au bûcher, elle ne pouvait plus supporter de vivre. Double coup du malheur pour la maison d'Aristippe, leur père ; et Cyrène en gémit toute, de voir vide la maison aux beaux enfants !

CALLIMAQUE, *Épigrammes*, XX, p. 120.

Quand on lui demanda en quoi Socrate lui fut utile, il répondit : « En ceci qu'on a trouvé tellement de discours en ma faveur, qu'on a fini par me rendre agréable à tous ceux avec qui je pratiquais la philosophie. »

PHILODÈME, *De la rhétorique*, fr. 12, col. XLI, Sudhaus.

« Vous êtes donc partout ? disait quelqu'un à Aristippe.

— Si cela est, répondit-il en riant, je perds ce que je paie au marinier pour mon droit de passage. »

PLUTARQUE, *La vertu est le fruit de l'enseignement*, p. 356.

Il y eut quatre Aristippe : celui dont nous parlons ; le deuxième, qui écrivit sur l'Arcadie ; le troisième, le Métrodidacte, qui est le fils de la fille du premier ; le quatrième, celui de la Nouvelle Académie.

DIOGÈNE LAËRCE, II, 83.

## 2. *Le naufrage, leçon d'indépendance*

Un jour Aristippe s'embarqua en emportant avec lui des richesses considérables qui lui avaient été offertes par Denys. Mais comme les marins commencèrent à comploter, il quitta le milieu du bateau et, se retirant vers l'un de ses côtés, il donna l'ordre de décharger le contenu des récipients sur le plancher comme s'il avait l'intention de compter l'argent, et ensuite, regardant avec attention autour de lui, il jeta tout à la mer. Puis il dit aux marins qui se mirent en colère : « Il vaut mieux que je jette moi-même mon argent au lieu d'être moi-même jeté par mon argent. »

*Gnomologie vaticane*, 743, n. 39,
éd. Sternbach.

Aristippe, disciple de Socrate, toujours avide de plaisir et toujours aimable. On raconte ceci : alors que son esclave portait de l'argent et était accablé sous le faix, il lui cria : « Jette le fardeau ! » Pris au piège, lors d'un voyage en mer, par les richesses qu'il avait emportées avec lui, il les jeta à l'eau en disant : « Leur perte est mon salut. »

SUIDAS, éd. Adler.

Un jour qu'Aristippe était sur mer et qu'une tempête éclata, il éprouva une forte frayeur.

Alors l'un de ses compagnons de route lui dit : « Aristippe, toi aussi tu as peur, comme les gens ordinaires ? » À quoi celui-ci répondit : « Bien sûr. Mais dans votre cas, le désir de survivre et le danger actuel ont pour enjeu une vie misérable, tandis que dans mon cas c'est une vie heureuse qui est en cause. »

ÉLIEN, *Histoire variée*, IX, 20, éd. Hercher. (trad. A. Lukinovich et A.-F. Morand pour la réponse d'Aristippe).

Aulu-Gelle, écrivain non moins recommandable par l'élégance de son style que par l'étendue de ses connaissances, rapporte dans les *Nuits attiques* que, dans un voyage qu'il faisait sur mer avec un célèbre Stoïcien, ils furent assaillis d'une violente tempête qui les menaçait d'engloutir leur vaisseau : le philosophe en pâlit d'effroi. Ce mouvement fut remarqué des autres passagers, qui, quoique aux portes de la mort, le considéraient attentivement, pour voir si un philosophe aurait peur comme les autres. Aussitôt que la tempête fut passée et que l'on se fut un peu rassuré, un riche et voluptueux Asiatique se mit à railler le stoïcien de ce qu'il avait changé de couleur, tandis qu'il était lui-même resté impassible. Mais ce philosophe lui répondit ce qu'Aristippe, disciple de Socrate, répondit en pareille occasion, qu'il avait eu raison de ne pas s'inquiéter pour l'âme d'un vil débauché, mais que lui devait craindre pour celle d'Aristippe.

AUGUSTIN, *La Cité de Dieu*, IX, IV, p. 298.

Pendant un voyage sur mer le bateau d'Aristippe coula et il fut jeté sur les rives de Syracuse. Mais dès le premier moment il fut rassuré par la vue d'une figure géométrique dessinée sur le sable. Il comprit tout de suite qu'il se trouvait chez des Grecs et chez des hommes sages et non pas chez des Barbares. Ensuite, une fois arrivé au gymnase de Syracuse, il récita les vers suivants : « Qui donc accueillera le vagabond Œdipe avec quelques petits cadeaux ? » ; quelques-uns s'approchèrent de lui et, apprenant son nom, lui apportèrent tout ce dont il avait besoin. Et comme il y avait des gens qui s'apprêtaient à partir vers Cyrène, sa patrie, ils lui demandèrent s'il voulait transmettre quelque message et alors il leur dit d'exhorter ses concitoyens à emporter autant de bagages qu'ils seraient capables de sauver à la nage en cas de naufrage.

GALIEN, *Exhortations*, 5, éd. Kaibel.

Aristippe exhortait les jeunes à emporter en voyage autant de provisions qu'ils seraient capables de sauver à la nage en cas de naufrage.

JEAN DAMASCÈNE, II, 13, 138, éd. Maineke.

Aristippe, le philosophe de Cyrène, fit naufrage en naviguant vers Athènes. Et lorsque les Athéniens, après l'avoir sauvé, lui demandèrent ce qu'il allait dire de retour à ses concitoyens, il répondit : « Qu'ils emportent une quantité de provisions qui ne les empêche pas de nager en cas de naufrage. »

*Gnomologie vaticane*, 743, n. 23,
éd. Sternbach.

Aristippe faisait un trajet en bateau, lorsqu'une tempête survint. Il en fut très effrayé. Un passager lui dit alors : « Mon cher Aristippe, as-tu peur, toi aussi, comme tout le monde ? » Et lui de répondre : « Évidemment. En effet, dans votre cas, le désir de survivre et le danger actuel ont pour enjeu une vie misérable, tandis que dans mon cas, c'est une vie heureuse qui est en cause. »

ÉLIEN, *Histoire variée*, VII, p. 97.

Un jour qu'il faisait une traversée en direction de Corinthe et qu'il subissait les assauts de la tempête, il lui arriva d'éprouver de la frayeur. À qui lui dit : « Nous les gens ordinaires, nous ne craignons pas, tandis que vous, les philosophes, vous êtes morts de peur ! », il répondit : « En effet, ce n'est pas pour une âme de même espèce que vous et nous éprouvons de l'inquiétude. »

DIOGÈNE LAËRCE, II, 71.

### *3. Démystifier la paternité*

Il éduquait sa fille Arétè selon les meilleurs principes, l'entraînant à mépriser le superflu.

DIOGÈNE LAËRCE, II, 72.

D'Aristippe. À sa femme, qui lui avait reproché de ne pas se montrer plus proche de son propre fils, qui était sorti de lui-même, [Aristippe] dit en crachant : « Ce crachat aussi est sorti de moi et pourtant il ne me sert pas. »

STOBÉE, *Florilège*, IV, 24, 30, éd. Wachsmuth-Hense.

Aristippe avait mis à la porte l'un de ses fils, dépravé. Comme sa femme lui en faisait des reproches et ne perdait aucune occasion pour lui rappeler que celui-là aussi était sorti de lui, Aristippe cracha et dit : « Cela aussi est sorti de moi, mais je l'expulse, parce qu'il me fait mal. »

*Gnomologie vaticane*, 743, n. 25, Sternbach.

Comme sa femme lui reprochait de ne pas être compréhensif avec son fils, qui était méchant, tout en lui disant qu'il était sorti de lui, [Aristippe] cracha et dit : « Cela aussi est sorti de moi, mais ne me sert pas. »

*Anecdotes grecques*, p. 467, éd. Boissonade.

Quelqu'un l'accusait de repousser avec mépris son fils, comme s'il n'était pas de lui. À quoi il répondit : « La pituite et les poux aussi nous savons qu'ils naissent de nous, mais parce qu'ils sont inutiles, nous les rejetons le plus loin possible. »

DIOGÈNE LAËRCE, II, 81.

## *4. Le contemporain impliqué*

Diogène de Sinope, banni de sa patrie lorsqu'il n'était pas encore différent des autres gens, arriva à Athènes où il entra en contact avec les amis de Socrate : Platon, Aristippe, Eschine, Antisthène et Euclide de Mégare. Xénophon était absent à cause de l'expédition de Cyrus.

DION CHRYSOSTOME, *Discours bithyniens*, VIII, 1.

Xénophon aux amis de Socrate. (...) Aristippe a séjourné ici et, avant lui, Phédon, et tous les deux ont aimé cet endroit, ainsi que les maisons et les plantes que j'ai moi-même plantées de mes mains... J'ai aussi composé des *Souvenirs* sur Socrate. Je vous les enverrai dès qu'ils me paraîtront dignes d'être lus. Aristippe et Phédon les ont trouvés bien agréables.

*Lettres socratiques*, XVIII, éd. Köhler.

Il y avait en ces temps-là des gens dignes de mémoire par leur éducation : le rhéteur Isocrate et tous ses disciples ; le philosophe Aristote ; Anaximène de Lampsaque ; Platon l'Athénien ; les derniers des philosophes pythagoriciens ; Xénophon, l'auteur d'histoires, parvenu déjà à son extrême vieillesse : en effet, il raconte la fin d'Épaminondas, survenue peu de temps avant ; Aristippe et Antisthène, ainsi qu'Eschine du dème de Sphèttos, le philosophe socratique.

Diodore, *Bibliothèque historique*, XV, 76, 4, éd. Vogel.

Aristippe avait eu une querelle très vive avec Eschine. Quelqu'un qui en avait été le témoin lui ayant demandé ce qu'était devenue leur amitié : « Elle dort, lui répondit Aristippe, mais je la réveillerai. » Il va trouver Eschine et lui dit : « Me croyez-vous donc si malheureusement né et si incorrigible, que je ne mérite pas même vos reproches ? – Je ne suis pas surpris, lui dit Eschine, que, m'étant supérieur dans tout le reste, vous ayez vu le premier en cette occasion ce qu'il fallait faire. »

Plutarque, *Des moyens de réprimer la colère*, p. 406.

Comme Aristippe s'était fâché contre Eschine, il lui dit peu de temps après : « N'allons-nous pas nous réconcilier et cesser de dire des bêtises ? Vas-tu attendre que quelqu'un nous réconcilie autour de la coupe de vin ? – Je suis bien content qu'on se réconcilie, dit Eschine. – Souviens-toi donc, dit Aristippe, que c'est moi qui ai fait les premiers pas, bien que je sois un vieillard. » Et Eschine lui dit : « Par Héra, voilà qui est parlé selon la raison ! Car l'initiative qui t'appartient est bien meilleure que la mienne : à moi de décider la guerre, à toi de faire la paix. » Tels sont les propos qu'on lui attribue.

DIOGÈNE LAËRCE, II, 82, 83.

Lorsque Eschine, à cause de son indigence, vint à la cour de Denys, Platon le prit de haut, mais Aristippe soutint Eschine.

DIOGÈNE LAËRCE, III, 36.

Union. S'unir, devenir amis, mener le même genre de vie. Lorsqu'il se trouvait en difficulté (Eschine) fut aidé par Aristippe et rejeté par Platon.

SUIDAS, éd. Adler.

Aristippe ayant rencontré Iscomachus aux Jeux olympiques, il lui demanda comment faisait Socrate pour s'attacher si fort les jeunes gens. Iscomachus lui donna un premier germe des principes de ce philosophe, dont Aristippe fut si vivement frappé qu'il en devint pâle et défait, jusqu'à ce qu'enfin, conduit à Athènes par la soif ardente qui le dévorait, il alla se désaltérer à la source même, et puisa dans les discours de Socrate les maximes de cette philosophie qui enseignait à connaître ses défauts et à s'en corriger.

PLUTARQUE, *De la curiosité*, p. 529-530.

Socrate n'avait-il pas parlé de la modération en persuadant Aristippe de ne plus être l'esclave de son estomac ?

LIBANIOS, *Apologie de Socrate*, 150, éd. Foerster.

Ou comme Aristippe répondant à Platon, qui, à son sentiment, lui avait parlé d'un ton trop présomptueux : « Sans doute ; mais notre compagnon (il voulait dire Socrate) ne nous a jamais parlé ainsi. »

ARISTOTE, *Rhétorique*, II, p. 180.

## 5. *Absent au procès de Socrate*

Le discours est véridique lorsqu'il remplit ces deux critères : la convenance et l'évidence.

La convenance, comme par exemple lorsque Platon veut incriminer Aristippe et Cléombrote qui, à Égine, ne pensaient qu'à leur gourmandise alors que Socrate était en prison à Athènes. Ils n'ont rien fait pour libérer leur ami et leur maître, bien qu'ils ne fussent qu'à deux cents stades à peine d'Athènes. [Platon] ne dit pas directement toutes ces choses (le discours lui-même remplissant le rôle de reproche), mais selon le critère de la convenance et de la manière suivante : lorsqu'on demanda à Phédon quelles étaient les personnes présentes auprès de Socrate et après que celui-ci en eut donné la liste, on lui redemanda si Aristippe et Cléombrote y étaient eux aussi. « Non, répondit Phédon, ils étaient à Égine. » Tout ce que nous avons dit auparavant est compris dans cette proposition : « Ils étaient à Égine. » De cette manière-ci le discours semble beaucoup plus grave, étant donné que c'est le fait même qui montre sa gravité, et non pas celui qui parle. Bien qu'on eût pu faire des reproches à Aristippe sans aucun risque, Platon préféra les lui faire d'une manière indirecte.

DEMÉTRIUS, *Du style*, 287, éd. Radermacher.

Platon [procède] de la même manière lorsqu'il veut incriminer Aristippe et Cléombrote, qui, eux, banquetaient à Égine, tandis que Socrate se trouvait déjà depuis plusieurs jours en prison à Athènes. Et ils ne firent rien pour libérer leur ami et leur maître, bien qu'ils ne fussent pas loin de l'endroit. Mais toutes ces choses ne furent pas dites ouvertement, mais d'une manière figurée, à mots couverts. Car lorsqu'on demanda à Phédon qui était présent auprès de Socrate, après que celui-ci en eut donné la liste, on lui redemanda si Aristippe et Cléombrote y étaient eux aussi. « Non, répondit Phédon, car ils étaient à Égine. » Dans ces quelques mots [Platon] a donc mis tous ses reproches, de n'avoir pas libéré leur ami et de s'être adonnés à la gourmandise. Ainsi le discours semble plus grave que le fait, parce que ce n'est pas celui qui parle qui montre la gravité du fait, mais le fait lui-même.

GRÉGOIRE DE CORINTHE, *À Hermogène*, VIII, éd. Walz, Rhetor. gr. VII, 2, p. 1179.

Eschine à Xénophon. Parmi ses amis il y avait à sa mort [celle de Socrate] : moi-même, Therpsion, Apollodore, Phédon, Antisthène, Hermogène et Ctésippe. Platon, Cléombrote et Aristippe sont arrivés trop tard. Platon, lui, était malade, tandis que les deux autres se trouvaient quelque part, à Égine.

*Lettres socratiques*, XIV, éd. Köhler.

« ÉCH. : Mais quoi ? Auprès de lui, il y avait bien Aristippe et Cléombrote ?

— PH. : Point du tout ! On les disait en effet à Égine. »

PLATON, *Phédon*, 59 c, p. 767.

Platon manifesta de l'hostilité à l'égard d'Aristippe (...). En tout cas, dans son dialogue *Sur l'âme*, il médit de lui en faisant remarquer qu'il n'était pas présent à la mort de Socrate, mais qu'il se trouvait à Égine, c'est-à-dire tout près.

DIOGÈNE LAËRCE, III, 36.

## *6. Le célibataire amoureux*

À qui lui avait demandé ce qu'il pensait sur le mariage [Aristippe] répondit : « Si l'épouse est belle tu la partageras avec d'autres ; si elle est laide, tu souffriras. »

*Gnomologie vaticane*, 743, n. 2, éd. Sternbach.

Comme on lui avait demandé s'il était utile de se marier, Aristippe, le philosophe cyrénaïque, répondit : « Non, parce que si la femme est belle tu la partageras avec d'autres, et si elle ne vaut rien, tu souffriras. »

ANTON., *Meliss.*, II, 34, éd. Migne, P.G. CXXXVI, coll. 1092.

Aristippe vit une fois une femme de petite taille, mais très belle. Et il dit : « La laideur est petite, mais grande la beauté. » [Selon d'autres : « La beauté est petite, mais grande est la laideur. »]

ANTON., *Meliss.*, II, 33, éd. Migne, P.G. CXXXVI, p. 1088.

Ainsi donc Aristippe avait acheté des prostituées très cher.

JEAN CHRYSOSTOME, *Homélies*, 34, éd. Migne, P.G. LVII, coll. 392.

Au moment où il entrait, un jour, dans la maison d'une courtisane, comme un des jeunes gens qui l'accompagnaient s'était mis à rougir, Aristippe dit : « Ce qui est mal, ce n'est pas d'entrer, mais c'est de ne pas pouvoir sortir. »

DIOGÈNE LAËRCE, II, 69.

Comme une courtisane lui disait : « Je suis enceinte de toi », il dit : « Tu n'en es pas plus sûre que si, marchant à travers des joncs, tu affirmais avoir été piquée par tel jonc précis. »

DIOGÈNE LAËRCE, II, 74.

Tous les trois, Aristippe, Démosthène le Rhéteur et Diogène le Cynique, furent amoureux de Laïs.

ATHÉNÉE, XIII, 588 c, éd. Kaibel.

Aristippe et Laïs passaient chaque année deux mois à Égine, pendant les fêtes de Poséidon. Comme un serviteur lui avait fait des reproches en lui disant : « Tu donnes tant d'argent à cette femme, alors qu'elle couche gratuitement avec Diogène le Cynique », il répondit : « Je donne beaucoup d'argent à Laïs pour avoir moi-même du plaisir et non pas pour empêcher les autres d'en avoir. » Et comme Diogène lui avait dit : « Aristippe, tu vis avec une femme publique ! Par conséquent, soit tu deviens cynique, comme moi, soit tu mets fin à cette situation ! », il répondit : « Qu'est-ce qu'il y a de si extraordinaire, Diogène, dans le fait d'habiter une maison qui a été déjà habitée par d'autres avant toi ? – Rien ! – Ou dans le fait de naviguer sur un bateau sur lequel d'autres ont déjà navigué ? – Rien ! – Eh bien, c'est la même chose que de vivre avec une femme dont beaucoup d'autres ont profité avant toi. »

ATHÉNÉE, XIII, 588 e, éd. Kaibel.

Aristippe de Cyrène, s'entendant reprocher sa liaison avec sa maîtresse corinthienne : « Je possède Laïs, dit-il, mais elle ne me possède pas ! »

THÉODORET DE CYR, *Thérapeutique des maladies helléniques*, tome II, XII, 50, p. 434.

Un terrible désir attirait l'homme de Cyrène
vers l'Isthme, car l'ardent Aristippe était
amoureux
de Laïs, femme du Péloponnèse.
Il prit donc la fuite en abandonnant toute réunion publique.

HERMESIAN. III, 95, éd. Powell.

Aristippe, le maître des Cyrénaïques, eut commerce avec la fameuse prostituée Laïs. Ce digne maître de philosophie justifiait ce scandale en disant qu'il y avait une grande différence entre lui et les autres amants de Laïs, puisque lui, il possédait Laïs, tandis que les autres étaient possédés par elle. Ô, remarquable sagesse, que les gens de bien devraient suivre ! C'est à l'enseignement de cet individu que tu confierais tes enfants, pour qu'ils apprennent à posséder une maîtresse ? Il disait que lui, c'était une chose, et les autres, qui se sont fait ruiner, c'en était une autre, justement parce que ceux-ci perdaient tous leurs biens, tandis que lui se débauchait gratuitement. Cependant, dans cette affaire, le plus intelligent s'avéra la prostituée, qui eut le philosophe pour proxénète, de sorte que tous les jeunes couraient chez elle, sans vergogne et bafouant toute autorité, selon l'exemple du « maître ». Qu'importe dans quel esprit le philosophe fréquentait la très célèbre prostituée, du moment qu'aux yeux du peuple et de ses rivaux il était pire que tous ceux qui s'y étaient ruinés ? Et il ne se contenta pas de vivre de cette manière, mais commença à enseigner les excès, et amena à l'école ses habitudes de lupanar, en soutenant que le plaisir du corps était le souverain bien. Cette exécrable et honteuse doctrine n'est pas issue de la tête d'un philosophe, mais du sein d'une prostituée.

LACTANCE, Des institutions divines, III, 15, 15, éd. Brandt.

À Petus : L'ami Aristippe, à qui on reprochait d'être à Laïs, osa répondre, à la société : « Je l'ai, mais elle ne m'a pas. » Le mot est meilleur en grec.

CICÉRON, Lettres, IX, 26, 2, nouvelle numérotation : nº 482, p. 437.

Aristippe de Cyrène (...), comme on lui reprochait de fréquenter continuellement sa maîtresse corinthienne : « Je possède Laïs, disait-il, mais sans qu'elle me possède. »

CLÉMENT D'ALEXANDRIE, Stromates, II, XX, 118, 2, p. 123.

L'amour d'un sexe pour l'autre, lors même qu'il a le plus heureux succès, se borne aux plaisirs des sens. C'est ce qu'atteste la réponse d'Aristippe à celui qui, pour le dégoûter de la courtisane Laïs, lui disait qu'elle ne l'aimait pas : *Je ne crois pas non plus que le poisson et le vin aient de l'amour pour moi, cependant j'use avec plaisir de l'un et de l'autre.*

PLUTARQUE, *De l'amour*, p. 499.

Il fréquentait aussi la courtisane Laïs. À ceux qui le lui reprochaient, il disait : « Je possède Laïs, mais je ne suis pas possédé par elle. Car c'est de maîtriser les plaisirs en ne se laissant pas subjuguer par eux qui est le comble de la vertu, non point de s'en abstenir. »

HÉSYCHIASTE, *Des hommes illustres*, 4, éd. Müller (F.G.H. IV, 156).

Au sujet de Laïs Aristippe dit : « Je la possède, mais je ne suis pas possédé par elle. »

ATHÉNÉE, XII, 544 b, éd. Kaibel.

À qui lui reprochait d'habiter avec une courtisane, il dit : « Est-ce que par hasard il y aurait une différence entre prendre une maison qui a déjà été habitée par beaucoup et une qui ne l'a été par personne ? » L'autre répondit que non. « Entre naviguer sur un bateau qui a déjà porté des milliers de passagers et sur un qui n'en a porté aucun ? – Point de différence. – Eh bien, il n'y en a pas non plus entre coucher avec une femme qui a fréquenté beaucoup d'hommes et une qui n'en a fréquenté aucun. »

DIOGÈNE LAËRCE, II, 74.

Il fréquentait même la courtisane Laïs, à ce que dit Sotion au livre II des *Successions*. À ceux qui ne manquaient pas de lui en faire reproche, il disait : « Je possède Laïs, mais je ne suis pas possédé par elle. Car c'est de maîtriser les plaisirs et de ne pas être subjugué par eux qui est le comble de la vertu, non point de s'en abstenir. »

DIOGÈNE LAËRCE, II, 74, 75.

## 7. *La rémunération thérapeutique*

Il disait qu'il demandait de l'argent à ses disciples non pas pour le dépenser lui-même, mais pour qu'eux apprennent à quoi l'argent est utile. À qui lui reprochait de recevoir de l'argent, lui, disciple de Socrate, il répondait : « C'est vrai. Socrate, quand des gens lui envoyaient à manger et à boire, en prenait un peu et renvoyait le reste. [Mais moi j'ai] Eutychidès, que j'ai acheté. »

HÉSYCHIASTE, *Des hommes illustres*, 4, éd. Müller (F.G.H. IV, 156).

Aristippe disait qu'il recevait un salaire de ses disciples non pas pour accroître son niveau de vie, mais pour que ceux-ci apprennent à dépenser leur argent pour des choses utiles.

*Gnomologie vaticane*, 743, n. 24, éd. Sternbach.

Il a dit que s'il recevait de l'argent de ses disciples, ce n'était pas pour le dépenser lui-même, mais pour qu'eux sachent à quoi il faut dépenser son argent.

DIOGÈNE LAËRCE, II, 72.

Le même disait souvent : « Les maîtres doivent prétendre à de gros salaires aussi bien de la part des disciples capables, parce qu'ils apprennent beaucoup de choses, que des disciples incapables, parce qu'ils causent beaucoup de fatigue. »

JEAN DAMASCÈNE, II, 13, 145, éd. Maineke.

Socrate, au contraire, était notoirement ami du peuple et philanthrope. Bien qu'il eût une foule de fervents disciples, Athéniens et étrangers, il n'exigea jamais d'aucun le salaire de ses entretiens, mais il communiquait à tous sans réserve son propre bien. Plusieurs qui avaient reçu de lui gratuitement quelques bribes de science les vendaient cher aux autres et ne furent pas, comme lui, des amis du peuple ; car ils refusaient de s'entretenir avec ceux qui ne pouvaient pas les payer.

XÉNOPHON, *Les Mémorables*, I, 60, II, p. 299.

Aristippe était originaire de Cyrène, mais il vint à Athènes attiré, à ce que dit Eschine, par la renommée de Socrate. Alors qu'il tenait école comme Sophiste, il fut le premier des Socratiques, à ce que dit Phainias, le Péripatéticien d'Érèse, à exiger un salaire, et il fit parvenir de l'argent à son maître. Un jour qu'il lui avait envoyé vingt mines, il se les vit retourner, Socrate ayant déclaré que son démon ne lui permettait pas d'accepter, car il n'aimait pas cette façon de faire.

DIOGÈNE LAËRCE, II, 65.

À qui l'accusait de recevoir, lui, disciple de Socrate, de l'argent (de ses élèves), il répondit : « C'est vrai. Socrate, quand des gens lui envoyaient à manger et à boire, en prenait un peu et renvoyait le reste. C'est qu'il avait pour assurer son approvisionnement les premiers des Athéniens, alors que moi je n'ai qu'Eutychidès, un esclave que j'ai acheté ! »

DIOGÈNE LAËRCE, II, 74.

Comme il avait gagné de l'argent en enseignant, Socrate lui dit : « D'où te vient tout cet argent ? », à quoi Aristippe répondit : « De là d'où il t'en vient si peu. »

DIOGÈNE LAËRCE, II, 80.

## 8. *La mécanique de l'argent*

À Platon qui lui reprochait son train de vie excessif, il dit : « Est-ce qu'à tes yeux Denys est quelqu'un de bien ? » Comme Platon acquiesçait, il dit : « Et pourtant il mène plus grand train de vie que moi. C'est donc que rien n'empêche de mener grand train et de vivre en homme de bien. »

DIOGÈNE LAËRCE, II, 76.

[Aristippe] dit à quelqu'un qui accusait untel d'avoir oublié de lui restituer la somme qu'il lui avait prêtée : « Et toi, pourquoi ne t'accuses-tu pas aussi toi-même d'avoir mal choisi la personne à qui tu voulais prêter de l'argent ? »

*Gnomologie vaticane,* 743, n. 31, éd. Sternbach.

Selon Horace, Aristippe aussi semble être un insensé, parce qu'il avait jeté l'argent dont il avait pourtant besoin.

PORPHYRION, *Commentaire des Satires d'Horace*, II, 3, 100, éd. Holder.

On raconte qu'Aristippe, un Grec de Cyrène, ordonna à ses esclaves qui, chargés de l'or offert par le roi, avaient du mal à marcher, de jeter ce qui était superflu.

PORPHYRION, *Commentaire des Satires d'Horace*, II, 3, 100, éd. Keller.

Aristippe, sur la quantité des richesses. Il faut rechercher les richesses de telle manière qu'elles ne soient ni plus ni moins importantes que la nécessité du moment.

*Gnomologie monacale latine*, I, 21 (Caecil. Balb. Wölffing., p. 27).

La richesse produit du plaisir, mais elle n'est pas désirable par elle-même.

DIOGÈNE LAËRCE, II, 92.

D'Aristippe. De trop grandes chaussures sont inutiles. Ce n'est pas pareil pour les richesses. En effet, tandis que dans le cas des chaussures ce qui est en plus nous empêche de marcher, dans le cas des richesses le surplus peut être utilisé, entièrement ou en partie, au moment opportun.

STOBÉE, *Florilège*, IV, 31, 128, éd. Wachsmuth-Hense.

D'Aristippe. Il vaut mieux vivre sur un paillasson et être tranquille qu'être riche et assailli par les soucis.

*Anecdotes grecques*, I, p. 36, éd. Boissonade.

Aristippe disait qu'il fallait s'habituer à vivre de peu pour ne pas arriver à faire des choses honteuses à cause des richesses.

*Gnomologie vaticane*, 743, n. 29, éd. Sternbach.

Qu'avait de commun avec la conduite de cet homme-là celle du Grec Aristippe ? Celui-ci, en pleine Libye, ordonna à ses esclaves de jeter l'or qu'ils portaient parce que, alourdis par ce fardeau, ils marchaient trop lentement.

HORACE, *Satires*, II, p. 158.

Un jour qu'on lui reprochait d'avoir payé dans un procès un orateur, il dit : « Quand j'ai un repas à faire, je paie bien un cuisinier ! »

DIOGÈNE LAËRCE, II, 72.

À qui lui reprochait sa table coûteuse, il dit : « Toi, pour trois oboles, n'aurais-tu pas acheté tout cela ? » Comme l'autre répondait que si, il dit : « Ce n'est donc pas que moi j'aime le plaisir, mais c'est que toi, tu aimes l'argent. »

DIOGÈNE LAËRCE, II, 75.

Alors que son serviteur, au cours d'un voyage, portait de l'argent et était accablé sous le faix, comme le dit Bion dans ses diatribes, Aristippe lui cria : « Laisse tomber le surplus et ne porte que ce que tu peux porter. »

DIOGÈNE LAËRCE, II, 77.

Un jour qu'il était en mer, quand il comprit que le navire qui approchait était un navire pirate, il prit son or et le compta, puis, comme sans faire exprès, il le jeta par-dessus bord à la mer et aussitôt se mit à pousser des gémissements. Selon d'autres, il ajouta qu'il valait mieux voir disparaître cet argent du fait d'Aristippe plutôt qu'Aristippe du fait de cet argent.

DIOGÈNE LAËRCE, II, 77.

## 9. *Objets philosophiques*

Théopompe de Chios, dans son ouvrage sur les dialogues de Platon, dit que « selon certains, beaucoup de ces dialogues seraient inutiles et faux : beaucoup auraient été rédigés par d'autres auteurs : il y en a qui ont été tirés des dialogues d'Aristippe ; d'autres de ceux d'Antisthène, une grande partie de ceux de Bryson d'Héraclée ».

ATHÉNÉE, XI, 508 c, éd. Kaibel.

Et après cela : « Certains écrits dont je vous ai parlé viennent du dehors et sont suspects, mais on peut être sûr du *Cratès*, des *Diatribes* d'Aristippe sur les *Dialogues* de Platon, des *Analytiques* d'Aristote et de quelques traités du même genre sur la nature, que nous avons éliminés. »

PHILODÈME, *Contre les Sophistes*.

Du philosophe cyrénaïque on cite trois livres d'une histoire de la Libye envoyés à Denys et un livre unique contenant vingt-cinq dialogues, écrits les uns dans un dialecte attique, les autres en dorien ; ce sont :

*Artabaze,*
*Aux naufragés,*
*Aux exilés,*
*À un mendiant,*
*À Laïs,*
*À Prôros,*
*À Laïs, à propos du miroir,*
*Hermias,*
*Un songe,*
*À celui qui a la coupe,*
*Philomèle,*
*À ses intimes,*
*À ceux qui lui reprochent d'avoir vin vieux et courtisanes,*
*À ceux qui lui reprochent le luxe de sa table,*
*Lettre à sa fille Arétè,*
*À celui qui s'exerçait pour Olympie,*
*Question,*
*Autre question,*
*Chrie adressée à Denys,*
*Autre chrie sur la statue,*
*Autre chrie sur la fille de Denys,*
*À celui qui se pensait déshonoré,*

*À celui qui entreprenait de donner des conseils.*

Certains disent qu'il écrivit également six livres de diatribes, d'autres, dont Sosicrate de Rhodes, qu'il n'écrivit rien du tout.

Selon Sotion, dans son livre II, et selon Panétius, ses ouvrages sont les suivants :

*Sur l'éducation,*
*Sur la vertu,*
*Protreptique,*
*Artabaze,*
*Naufragés,*
*Exilés,*
*Six livres de diatribes,*
*Trois livres de chries,*
*À Laïs,*
*À Prôros,*
*À Socrate,*
*Sur la fortune.*

DIOGÈNE LAËRCE, II, 84-85.

# FRAGMENTS THÉORIQUES

## 1. *Une théorie de la connaissance*

### *A. Une pathétique d'affections subjectives*

Maintenant que j'ai fini de présenter l'histoire de l'Académie depuis Platon, il n'est pas hors de propos d'examiner aussi la position des Cyrénaïques. Car leur école, paraît-il, est elle aussi issue de l'enseignement de Socrate, duquel descend également l'école de Platon et de ses successeurs. Les Cyrénaïques affirment que les seuls critères de vérité sont les affections. Celles-ci sont compréhensibles et infaillibles, alors que leurs causes n'ont rien de compréhensible ni d'infaillible. En effet, quand nous ressentons la blancheur et la douceur, nous pouvons le dire d'une manière infaillible et irréfutable. En revanche, si ce qui produit ces affections est blanc ou doux, il est impossible de l'affirmer. Car il est vraisemblable que quelqu'un ait une sensation de blancheur qui ne soit pas produite par le blanc ou encore une sensation de douceur qui ne soit pas produite par le doux. De même, celui qui a le vertige ou la jaunisse est agité par un rien ; celui qui souffre des yeux voit rouge, celui qui ferme un œil est stimulé par deux images : il voit « deux Thèbes » et s'imagine deux soleils. Dans tous ces cas-là, le fait qu'ils éprouvent de telles sensations, qu'ils deviennent pâles, qu'ils voient rouge ou double, est incontestablement vrai. En revanche, le fait que l'objet qui leur provoque cette sensation soit lui-même jaune ou rouge ou double est considéré comme faux, ce qui nous amène à penser qu'on ne peut rien comprendre au-delà de ses propres affections. Nous devons donc établir si ce sont les affections elles-mêmes ou les causes de ces affections qui sont visibles. Si nous affirmons que les affections sont visibles, nous devons dire que toutes les choses visibles sont vraies et compréhensibles. Si, en revanche, nous déclarons que les causes des affections sont visibles, toutes les choses visibles sont fausses et incompréhensibles. Car l'affection qui se produit en nous ne nous fait rien connaître au-delà d'elle-même. C'est pourquoi, à vrai dire, seule l'affection est visible pour nous. Quant à ce qui est extérieur, ce qui constitue la cause de l'affection, cela existe, peut-être, mais n'est pas visible pour nous. Et, pour cette raison, nous sommes tous infaillibles quant à nos propres affections, mais nous nous trompons sur ce qui se trouve au-delà de nous-mêmes. Les affections sont compréhensibles, ce qui se trouve à l'extérieur ne l'est pas, l'âme étant beaucoup trop faible pour le connaître, compte tenu des circonstances, des distances, des mouvements, des changements et de toutes les autres causes. Ils disent, donc, qu'il n'y a pas de critère commun pour les hommes, mais qu'on donne des noms communs aux interprétations. Car les gens qualifient tous en commun une chose de « blanche » ou de « sucrée », mais ils ne perçoivent rien de « blanc » ou de « sucré » en commun. Car chacun perçoit ses [propres] affections particulières, mais si cette affection-là est produite par quelque chose de blanc à la fois en lui-même et en son voisin, ni lui-même ne peut l'affirmer sans avoir éprouvé l'affection de son voisin, ni le voisin sans avoir éprouvé la sienne. Par conséquent, vu qu'il n'y a pas d'affection commune, il est risqué de dire que moi je suis affecté par celle-ci et mon voisin par celle-là. Car moi, peut-être, je suis constitué de façon à avoir une sensibilité particulière au blanc qui vient de l'extérieur, tandis que mon voisin pourrait avoir une sensibilité tout autre et ressentir les choses d'une manière différente. Ce qui nous apparaît ne nous est donc pas commun. Le fait que nous ne soyons pas tous impressionnés de la même manière, mais selon la sensibilité de chacun, devient évident dans le cas des gens qui ont la jaunisse, de ceux touchés d'ophtalmie, ainsi que dans le cas de ceux qui sont différents par nature. Car, de même que les premiers voient les choses en jaune, en rouge ou en blanc, de même il paraît que ceux-ci, nés avec des yeux de couleur différente, par la constitution de leur sensibilité, ne sont pas tous impressionnés de la même manière, mais que les gens aux yeux verts voient autrement que les gens aux yeux gris et autrement que les gens aux yeux noirs. De sorte que, même si nous mettons des noms communs aux choses, nous en ressentons des impressions différentes. Il paraît que ces gens avancent aussi des opinions sur les fins des choses, des opinions analogues à celles concernant les critères. Ainsi, les affections envahissent le champ des fins. Parmi les affections, certaines sont agréables, d'autres douloureuses, d'autres, intermédiaires. Ils appellent « mauvaises » les affections douloureuses, dont le but est d'engendrer la douleur ; « bonnes », les affections agréables, dont le but est de procurer un plaisir authentique ; enfin, « intermédiaires », celles qui ne sont ni bonnes ni mauvaises et dont le but n'est ni le bien ni le mal – ces affections sont à mi-chemin entre le plaisir et la douleur. Les affections sont à la fois les critères et les fins de toutes les choses qui existent. Et nous vivons, affirment-ils, en les suivant et en faisant attention soit à l'évidence, soit au consentement : à l'évidence, pour ce qui est des affections en général, au consentement, pour ce qui est du plaisir. Voilà donc les opinions des Cyrénaïques, qui réduisent le critère [de vérité] plus que ne le firent les disciples de Platon. En effet, tandis que ceux-ci font du critère une combinaison entre évidence et raison, ceux-là le définissent seulement par évidence et par affection.

Sextus Empiricus, *Contre les mathématiciens*, VII, 190, éd. Mutschmann.

Agir est une chose, pâtir en est une autre. Du fait qu'ils éprouvent des affections opposées devant la même chose, ils en tirent la conclusion que la nature de l'agent ne peut pas être définie. Autrement, la même chose ne saurait produire simultanément des effets si différents. D'où la conviction des Cyrénaïques que seules les affections peuvent être connues, les choses extérieures étant, quant à elles, inconnaissables. Par exemple, disent-ils, je comprends que je me suis brûlé, mais le fait que le feu brûle reste incompréhensible. Car s'il en était ainsi, alors toutes les choses devraient être brûlées.

[Anonyme], *Commentaire sur le Théétète de Platon*, 152 b ; coll. 65, 18, éd. Diels-Schubart.

Les philosophes de Cyrène affirment qu'il n'existe rien d'autre que les affections. D'où on peut déduire que la voix aussi, lorsqu'elle n'est pas une affection, mais une source qui produit des affections, n'existe pas en tant que chose réelle.

SEXTUS EMPIRICUS, *Contre les mathématiciens*, VI, 53, éd. Mau.

« Après les anciens philosophes, Colotès livre le combat à ses contemporains, mais sans en nommer aucun en particulier, quoiqu'il eût été beaucoup plus juste d'attaquer ceux-ci nommément, ou de ne pas nommer les anciens. Mais s'il a tant de fois insulté sans ménagement Socrate, Platon et Parménide, il est évident que c'est par crainte qu'il n'a pas nommé les vivants, et non par un sentiment de modestie qu'il n'avait pas eu pour des hommes qui lui étaient bien supérieurs. Les premiers qu'il a eus en vue, si je ne me trompe, les Cyrénaïques, et après eux les Académiciens de la secte d'Arcésilas. Ces derniers n'affirmaient rien ; et les autres, plaçant dans l'homme même ses perceptions et ses affections, ne croyaient pas qu'elles méritassent assez de confiance pour rien affirmer sur les objets qui les produisaient. En abandonnant tous les dehors, comme on fait dans une ville assiégée, ils se sont, pour ainsi dire, renfermés dans les affections dont ils affirmaient la vraisemblance ; mais ils ne prononçaient jamais d'aucun objet extérieur *telle chose est*. Aussi Colotès prétend-il qu'avec cette doctrine ils ne peuvent ni vivre ni faire usage de rien, et ensuite, prenant le ton plaisant : “Ces philosophes, dit-il, nient que l’homme, le cheval et le mur existent ; mais ils disent qu’ils deviennent eux-mêmes mur, cheval et homme.” En cela il suit la méthode des calomniateurs qui abusent malicieusement des termes. À la vérité, c’est une conséquence de la doctrine des Cyrénaïques, mais il fallait l’exposer comme ils le font eux-mêmes. Ils disent qu’une chose devient douce, amère, lumineuse ou obscure, lorsqu’elle est affectée par quelqu’une de ces qualités au point qu’elle ne peut plus en être séparée. Quoiqu’on dise que le miel est doux, l’olivier amer, la grêle froide, le vin chaud, l’air *lumineux pendant le jour* et obscur pendant la nuit, cependant bien des hommes, des animaux et des choses même attestent le contraire, puisqu’on voit des gens avoir le miel en aversion et des animaux se nourrir de branches d’olivier ; que certaines substances sont brûlées par la grêle, et d’autres rafraîchies par le vin ; qu’il y a des hommes et des animaux qui sont éblouis par la lumière du jour, et qui ne voient clair que la nuit. Ainsi, quand l’opinion s’en tient à la sensation qu’elle éprouve, elle est à l’abri de l’erreur ; mais si elle veut aller au-delà pour juger plus en détail les choses extérieures, et affirmer positivement quelle est leur nature, alors elle devient souvent incertaine, et se trouve en opposition avec d’autres personnes qui reçoivent des mêmes objets des impressions et des sensations différentes. Mais Colotès est comme les enfants qui commencent à apprendre à lire : accoutumés à voir les lettres sur des tablettes, quand ils les voient ailleurs, ils ont peine à les reconnaître et les lisent moins bien. De même les opinions que Colotès approuve et justifie dans Épicure, il ne les reconnaît et ne les entend plus dans d'autres philosophes. Les Épicuriens qui disent que lorsqu'il s'offre à notre vue une image ronde ou rompue, l'impression que notre organe en reçoit est conforme à l'objet, et qui cependant ne veulent pas qu'on affirme que la tour qu'on voit est ronde et la rame rompue ; les Épicuriens, dis-je, confirment la vérité de leurs perceptions, mais ils ne veulent pas avouer que les objets extérieurs y soient conformes. Or, comme les Cyrénaïques ne disent pas qu'ils sont cheval ou mur, mais que leur organe reçoit la sensation du cheval ou du mur, il faut aussi que les Épicuriens disent que leur sens reçoit l'image d'un objet rond ou rompu, et non qu'ils affirment que la tour est ronde et la rame rompue. L'image qui affecte la vue est brisée, mais la rame ne l'est point.

« Puis donc qu'il y a de la différence entre la sensation et l'objet extérieur qui la produit, il faut ou s'en tenir au rapport de la sensation, ou être convaincu de faux, en affirmant sur l'apparence la nature du sujet. Et lorsqu'ils se récrient avec indignation contre les Cyrénaïques, parce qu'en expliquant nos sensations ils disent que l'objet extérieur n'est point chaud, et que la chaleur n'existe que dans la sensation même que nous en avons, n'est-ce pas blâmer ce qu'on dit également par rapport au goût, que l'objet extérieur n'est pas doux, et que la douceur n'est que dans la sensation et dans l'impression qui se fait sur l'organe ? Celui qui dit qu'il voit l'image d'un homme, mais qu'il n'est pas certain que ce soit un homme, d'où a-t-il pris ce raisonnement ? N'est-ce pas de ceux qui disent qu'ils ont l'image d'un objet courbé ou rond, mais que la vue ne saurait prononcer affirmativement s'il est rond ou courbé, et qu'elle a eu seulement une image de forme ronde ? »

PLUTARQUE, *Contre Colotès*, p. 42-44.

C'est, pour les philosophes cyrénaïques, un grand argument contre vous autres Épicuriens, pour prouver que les plaisirs qui affectent nos oreilles et nos yeux s'opèrent, non dans les organes de la vue et de l'ouïe, mais dans l'âme elle-même. En effet, une poule qui glousse et une corneille qui crie nous font entendre des sons désagréables ; mais un homme qui imite le gloussement de la poule et le cri de la corneille nous fait plaisir. Nous voyons avec peine des gens étiques, mais nous sommes charmés de voir leurs statues et leurs images, parce que notre esprit est flatté d'une imitation dont la nature nous a donné le goût.

PLUTARQUE, *Les Symposiaques, ou les Propos de table*, p. 313-314.

Autre est le critère de Protagoras que la vérité est pour chaque homme ce qui lui paraît vrai ; autre celui des Cyrénaïques qui pensent qu'il n'y a pas d'autre critère que les sensations internes, autre celui d'Épicure qui place le critère dans le sens, dans les notions et dans le plaisir.

CICÉRON, *Premiers Académiques*, II, (142), p. 254.

Et les Cyrénaïques te paraissent-ils des philosophes négligeables, eux qui disent que nul objet extérieur ne peut être perçu et que l'on perçoit seulement ce que l'on sent par le toucher intérieur, comme la douleur et le plaisir ? Ils ajoutent qu'ils ne savent pas de quelle couleur sont les objets et quel son ils émettent, mais seulement qu'ils sentent qu'ils sont affectés de telle ou telle manière.

CICÉRON, *Premiers Académiques,* II, (76), p. 222.

Dans ce combat gymnique notre stade contiendra, nus de toute vérité, outre les philosophes susdits, ceux qui brandissent leurs armes contre tous les dogmaticiens ensemble, je veux dire les Pyrrhoniens, pour qui rien chez les hommes n'est saisissable ; l'école d'Aristippe, qui n'admet comme saisissables que les passions ; et encore les Métrodore et les Protagoras, d'après qui on ne doit se fier qu'aux sens corporels.

EUSÈBE DE CÉSARÉE, *Préparation évangélique,* XIV, 2, 4.

Voilà pour ceux que l'on estime suivre Pyrrhon en philosophie ; des objections voisines s'adresseraient aux disciples d'Aristippe de Cyrène, pour qui seules les passions sont saisissables.

EUSÈBE DE CÉSARÉE, *Préparation évangélique,* XIV, 18, 31.

Viendraient à la suite ceux pour qui seules les passions sont saisissables ; or c'est ce qu'ont dit quelques-uns des Cyrénaïques. Ils prétendaient que, comme accablés d'une sorte de torpeur, ils ne savaient absolument rien, à moins qu'on ne vînt les frapper et les piquer ; car si on les soumettait au feu ou au fer ils avaient conscience d'éprouver quelque chose ; mais ce qui les brûlait était-il du feu, ce qui les coupait, du fer, ils ne pouvaient le dire. Là-dessus, on leur demanderait tout de suite s'ils savent au moins ceci, qu'ils ont une impression et une sensation ; car faute de le savoir ils ne pourraient pas même dire qu'ils ne savent que l'impression ; et s'ils ont cette connaissance, les passions ne seront pas seules à être saisissables ; car la proposition « on me brûle » était discours et non impression.

EUSÈBE DE CÉSARÉE, *Préparation évangélique*, XIV, 19, 1-2.

Ils ne parlent donc pas correctement, ceux qui affirment vraies toute sensation et toute imagination ; en voilà la preuve. Mais, malgré cette situation, les Épicuriens partaient encore de l'idéal d'Aristippe pour faire tout dépendre du plaisir et de la sensation, en définissant que seules les passions sont saisissables et que le plaisir est le bien final.

EUSÈBE DE CÉSARÉE, *Préparation évangélique*, XIV, 20, 13.

Il démontrait que la fin est le mouvement lisse qui débouche sur une sensation.

DIOGÈNE LAËRCE, II, 84-85.

*B. Un nihilisme épistémologique*

Certains pensent que les Cyrénaïques reçoivent, eux aussi, uniquement l'éthique et qu'ils rejettent la physique et la logique, qui n'aident en rien à mener une vie heureuse. Mais d'autres pensent qu'à cette opinion on peut opposer le fait qu'ils divisent la partie éthique en sections : il y en a une [qui traite] de ce qui est à choisir et de ce qui est à éviter, une autre [qui s'occupe] des affections, une autre des actions, encore une autre des causes et, enfin, une section qui traite des arguments. Parmi ces subdivisions-là ils font correspondre à la physique la section qui traite des causes et à la logique celle qui traite des arguments.

SEXTUS EMPIRICUS, *Contre les mathématiciens*,
VII, 11, éd. Mutschmann.

Certains attribuent aux Cyrénaïques – Sotion en témoigne – l'opinion selon laquelle l'éthique et la logique sont des parties de la philosophie. Mais ceux-là ont traité la question de manière incomplète.

SEXTUS EMPIRICUS, *Contre les mathématiciens*,
VII, 15, éd. Mutschmann.

(...) certains philosophes et surtout ceux autour de Socrate. Ils disent que faire des recherches sur (la nature) et s'affairer autour des (corps célestes) est de trop, et inutile, et ils ne daignent (pas s'occuper) de (telles) choses (...). (...) l'étude de la nature, ayant honte d'approuver (cela), ils utilisent un autre prétexte de refus.

Car, quand ils disent que les choses sont insaisissables, que disent-ils d'autre sinon qu'il ne nous faut pas faire des recherches sur la nature ? En effet, qui choisirait de rechercher ce qu'il ne trouvera jamais ?

DIOGÈNE D'OENANDA, fr. 4 et 5, p. 25.

Toutes ces connaissances et encore beaucoup d'autres (de la philosophie naturelle) sont complètement inutiles aux vertus et aux actions éthiques ou politiques, de même qu'à la guérison des souffrances psychiques. À ce sujet Xénophon a écrit d'excellentes pages dans lesquelles il ne se contente pas seulement de reconnaître l'inutilité de ces connaissances, mais déclare que Socrate lui-même pensait de la même façon. Sont de son avis d'autres amis de Socrate, dont Platon lui-même qui, ajoutant la physique à la philosophie, transmet cette doctrine par l'intermédiaire de Timée et non pas de Socrate.

GALIEN, *De plac. Hipp. et Plat.*, IX, p. 799, éd. Mueller.

Les affections sont compréhensibles ; ils voulaient dire les affections, et non leurs causes. Ils renonçaient aussi à la physique à cause de son caractère incompréhensible manifeste. En revanche ils s'attachaient à la logique à cause de son utilité. Mais Méléagre dans le livre II de son ouvrage *Sur les opinions* et Clitomaque dans le livre I de son ouvrage *Sur les écoles philosophiques* disent que les Cyrénaïques considèrent comme inutiles et la partie physique et la partie dialectique. En effet est capable de bien parler, d'être exempt de superstition et d'échapper à la crainte de la mort, celui qui a appris à fond la théorie des biens et des maux.

DIOGÈNE LAËRCE, II, 92.

Voilà donc pour Socrate. Après lui, Aristippe de Cyrène, puis plus tard Ariston de Chios entreprirent de dire que la philosophie devait se réduire à la morale ; c'était là, en effet, du possible et de l'utile, alors que, tout au contraire, les problèmes de la nature échappaient à nos prises et, même si on les comprenait, n'étaient d'aucune utilité. Car nous n'en serons pas plus avancés, même si, soulevés dans les airs plus haut que Persée « au-dessus des flots de la mer, au-dessus de la Pléiade », de nos propres yeux nous contemplions la totalité du monde et la nature des choses, quelle qu'elle puisse être ; ce n'est pas pour cela, en effet, que nous serons plus sages ou plus justes ou plus courageux ou plus tempérants, ni d'ailleurs forts ou beaux ou riches, ce sans quoi il ne peut être de bonheur. Ainsi Socrate a eu bien raison de dire que, parmi les choses, certaines étaient au-dessus de nous, tandis que d'autres ne nous concernaient pas ; car celles de la nature étaient au-dessus de nous, mais celles qui suivaient la mort ne nous touchaient pas, et seules nous touchaient les choses humaines. Voilà pourquoi il avait dit adieu à la physiologie d'Anaxagore et d'Archélaüs, pour chercher ce qui se produit de bon et de mauvais à la maison.

EUSÈBE DE CÉSARÉE, *Préparation évangélique*, XV, 62, 7-11.

Selon Aristippe de Cyrène, la fin des biens c'est le plaisir, celle des maux la douleur, mais il exclut toute autre étude de la nature en disant que seule est utile la recherche qui porte sur « ce qui se produit de bon et de mauvais à la maison ».

EUSÈBE DE CÉSARÉE, *Préparation évangélique*, I, 8, 9.

Les Cyrénéens ont banni la physique en même temps que la logique pour se borner à la seule morale. Mais eux aussi font reparaître d'une autre manière ce qu'ils ont écarté. En effet, ils divisent la morale en cinq parties : l'une embrassant ce qu'on doit éviter et rechercher ; l'autre, les affections ; la troisième, les actions ; la quatrième, les causes, et la cinquième enfin, les arguments. Les causes se rattachent à la physique, les arguments à la logique, les actions à la morale.

SÉNÈQUE, *Lettres à Lucilius*, LXXXIX, p. 399.

Aussi, pour ce motif, certains Sophistes, tels qu'Aristippe, traitaient-ils avec dédain les Mathématiques, car, disaient-ils, dans les autres arts, même dans les arts mécaniques, celui du charpentier et celui du cordonnier par exemple, on donne sans cesse comme raison le mieux et le pire, tandis que les Mathématiques ne tiennent aucun compte des biens et des maux.

ARISTOTE, *Métaphysique*, t. I, p. 126.

*C. Apparence et vérité*

Et pareillement encore, c'est la considération du monde sensible qui a conduit certains à croire à la vérité des apparences. Ils pensent, en effet, que la vérité ne doit pas se décider d'après le plus ou moins grand nombre de voix ; or la même chose paraît, à ceux qui en goûtent, douce aux uns et amère aux autres ; il en résulterait que si tout le monde était malade, ou si tout le monde avait perdu l'esprit, à l'exception de deux ou trois personnes seulement qui eussent conservé la santé ou la raison, ce serait ces dernières qui passeraient pour malades ou folles, et non pas les autres ! Ces philosophes ajoutent que beaucoup d'animaux reçoivent, pour les mêmes choses, des impressions contraires aux nôtres, et que, même pour chaque individu, ses propres impressions sensibles ne lui semblent pas toujours les mêmes. Lesquelles d'entre elles sont vraies, lesquelles sont fausses, on ne le voit donc pas bien : telles choses ne sont en rien plus vraies que telles autres, mais les unes et les autres le sont à égal degré.

ARISTOTE, *Métaphysique*, t. I, p. 219-220.

Au sujet de la vérité, nous devons soutenir que tout ce qui apparaît n'est pas vrai. D'abord, en admettant même que la sensation ne nous trompe pas, du moins sur son objet propre, on ne peut cependant identifier l'image et la sensation. Ensuite, on est en droit de s'étonner de difficultés comme : les grandeurs et les couleurs sont-elles réellement telles qu'elles apparaissent de loin, ou telles qu'elles apparaissent de près ? sont-elles réellement telles qu'elles apparaissent aux malades ou aux hommes bien portants ? La pesanteur est-elle ce qui paraît pesant aux faibles ou bien aux forts ? La vérité est-elle ce qu'on voit en dormant ou dans l'état de veille ? Sur tous ces points, en effet, il est clair que nos adversaires ne croient pas ce qu'ils disent. Il n'y a personne, du moins, qui, rêvant une nuit qu'il est à Athènes, alors qu'il est en Libye, se mette en marche vers l'Odéon. De plus, en ce qui concerne le futur, selon la remarque de Platon, l'opinion du médecin et celle de l'ignorant n'ont certainement pas une égale autorité, quand il s'agit de savoir, par exemple, si le malade recouvrera, ou non, la santé. Enfin, parmi les sensations considérées en elles-mêmes, le témoignage d'un sens n'offre pas la même valeur quand il s'agit de l'objet d'un autre sens que lorsqu'il s'agit de son objet propre, ou même quand il s'agit de l'objet d'un sens voisin que lorsqu'il s'agit de l'objet du sens lui-même : c'est la vue qui juge de la couleur, et non le goût ; c'est le goût qui juge de la saveur et non la vue. Aucun de ces sens, dans le même temps, appliqué au même objet, ne nous dit jamais que cet objet soit simultanément *ainsi et non ainsi*. Bien plus, même en des temps différents, un sens ne peut pas être en désaccord avec lui-même, du moins au sujet de la qualité ; le désaccord peut seulement porter sur le substrat auquel la qualité appartient. Je prends un exemple : le même vin, soit parce qu'il aura lui-même changé, soit parce que notre corps aura changé, pourra paraître doux à tel moment, et, à tel autre moment, non doux. Mais ce n'est, du moins, pas le doux, tel qu'il est quand il existe, qui jamais encore ait changé ; on a toujours la vérité à son sujet, et ce qui sera doux est nécessairement tel. Et pourtant, c'est cette nécessité que ruinent tous les systèmes en question ; de même qu'ils nient toute substance, ils nient aussi qu'il y ait rien de nécessaire, puisque le nécessaire ne peut être à la fois d'une manière et d'une autre ; et, par conséquent, si quelque chose est nécessaire, elle ne sera pas à la fois *ainsi et non ainsi*. – En général, si vraiment le sensible existait seul, rien n'existerait si les êtres animés n'existaient pas, puisque alors il n'y aurait pas de sensation. Et sans doute est-il vrai de dire qu'il n'y aurait ni sensible, ni sensations (car ce sont des modifications du sujet sentant) ; mais que les substrats, qui produisent la sensation, n'existassent pas aussi indépendamment de la sensation, c'est ce qui est inadmissible. En effet, la sensation n'est assurément pas sensation d'elle-même, mais il y a quelque chose d'autre encore en dehors de la sensation, et dont l'existence est nécessairement antérieure à la sensation, car le moteur a sur le mobile une autorité naturelle. En admettant même que le sensible et la sensation soient des termes corrélatifs, cette antériorité n'en existe pas moins.

ARISTOTE, *Métaphysique*, t. I, p. 225-229.

Rien n'est par nature juste, beau ou laid, mais ce l'est par convention et par usage.

DIOGÈNE LAËRCE, II, 93.

Ils affirment qu'une personne peut ressentir davantage qu'une autre le chagrin et que les sensations ne disent pas toujours vrai.

DIOGÈNE LAËRCE, II, 93.

## 2. *Une éthique hédoniste*

### *A. Le souverain bien*

*1.* Aristippe cherchait à confondre Socrate comme Socrate l'avait confondu naguère. Mais Socrate, qui voulait être utile à ses auditeurs, ne répondit pas avec les précautions d'un homme qui craint de voir dénaturer ses paroles, mais en homme convaincu qu'il faut faire son devoir avant tout. *2.* Aristippe lui demanda s'il connaissait quelque chose de bon, afin que, si Socrate mentionnait quelque bonne chose, comme la nourriture, la boisson, la richesse, la santé, la force ou l'audace, il lui démontrât alors que c'est quelquefois un mal. Mais Socrate, sachant que, lorsque nous avons un ennui, nous avons besoin de quelque chose pour y mettre fin, lui fit la meilleure réponse qu'on pouvait faire. *3.* « Me demandes-tu, lui dit-il, si je connais quelque chose de bon pour la fièvre ? – Non, dit-il. – Alors, pour le mal aux yeux ? – Non plus. – Alors pour la faim ? – Pour la faim non plus. – Mais alors, si tu me demandes si je connais quelque chose de bon qui ne soit bon à rien, ni je ne le connais, dit-il, ni je n'ai besoin de le connaître. »

*4.* Aristippe lui ayant fait une nouvelle question, à savoir s'il connaissait quelque belle chose, il répondit : « Oui, j'en connais, et même beaucoup. – Eh bien, reprit Aristippe, sont-elles toutes semblables les unes aux autres ? – Quelques-unes au contraire sont, dit-il, aussi dissemblables que possible. – Comment donc, reprit Aristippe, ce qui diffère du beau peut-il être beau ? – C'est que, par Zeus, répondit Socrate, un beau lutteur diffère d'un beau coureur, et qu'un bouclier qui est beau pour protéger le corps est aussi différent que possible d'un javelot qui est beau pour voler avec force et vitesse. *5.* – Tu me réponds exactement la même chose, dit Aristippe, que lorsque je t'ai demandé si tu connaissais quelque chose de bon. – Crois-tu donc, répliqua Socrate, que le bon soit une chose et que le beau en soit une autre ? Ne sais-tu pas que les choses sont à la fois belles et bonnes relativement aux mêmes objets ? En premier lieu, la vertu n'est pas bonne relativement à certaines choses et belle relativement à d'autres choses. Ensuite, les hommes sont réputés beaux et bons de la même manière et relativement aux mêmes choses. C'est encore relativement aux mêmes choses que nos corps paraissent beaux et bons, et toujours relativement aux mêmes choses que tous les objets qui sont à l'usage des hommes sont regardés comme beaux et bons, c'est-à-dire relativement aux choses pour lesquelles ils sont utiles. *6.* – Alors, dit Aristippe, un panier à ordures est une belle chose ? – Oui, par Zeus, répondit Socrate, et un bouclier est laid, si le premier a été bien fait pour sa destination, et le second mal fait. – Tu veux dire, reprit Aristippe, que les mêmes objets sont à la fois beaux et laids ? *7*. – Oui, par Zeus, et qu'ils sont à la fois bons et mauvais. Souvent en effet ce qui est bon pour la faim est mauvais pour la fièvre et ce qui est bon pour la fièvre est mauvais pour la faim ; souvent aussi, ce qui est beau pour la course est laid pour la lutte et ce qui est beau pour la lutte est laid pour la course ; car toutes les choses sont bonnes et belles relativement à la destination à laquelle elles s'ajustent bien, et mauvaises et laides quand elles s'ajustent mal à leur fin. »

XÉNOPHON, *Les Mémorables*, III, VIII, p. 365-366.

Mais de là naît cette autre question : quelle est, parmi les sectes de philosophie, celle où il y a le plus à gagner pour l'éloquence ? Le débat se réduira à un petit nombre ; car, premièrement, nous mettrons hors de cause Épicure, qui recommande à ses disciples de fuir au plus vite toute espèce de doctrine ; Aristippe nous dispensera aussi de cette peine, lui qui place le souverain bien dans les plaisirs des sens.

QUINTILIEN, *L'Institution oratoire*, XII, 2, 23, p. 347.

Aristippe de Cyrène fait consister aussi dans la volupté la fin de tous nos biens, et celle de nos maux dans la douleur ; il borne toute la science de la nature à la recherche, la seule selon lui, et du bien et du mal qu'on peut avoir en soi.

PLUTARQUE, *Fragments*, p. 478-479.

Aristippe n'est pas meilleur qu'eux, lui qui, je crois, pour plaire à sa petite amie Laïs, a institué la doctrine cyrénaïque, par laquelle il a placé la fin du souverain bien dans le plaisir du corps pour que les fautes ne manquent pas d'être autorisées et les vices d'être enseignés.

LACTANCE, *Épitomé des institutions divines*, XXXIV, 7, p. 147.

Car parmi ceux qui font de la volupté le principe (de leur philosophie), (nous savons ?) qu'il y a les Cyrénaïques et Épicure ; et qu'ils disent ouvertement que la fin (de l'homme), c'est vivre agréablement, et que la volupté est le seul bien parfait.

CLÉMENT D'ALEXANDRIE, *Stromates*, II, XXI, 127, 1 et 2, p. 129.

Ce philosophe, également célèbre par sa vie et par sa mort, laissa un grand nombre de sectateurs qui traitèrent à l'envi les questions de morale où il s'agit du souverain bien, sans lequel l'homme ne peut être heureux. Comme on ne voit pas clairement quelle a été là-dessus son opinion, parce que sa méthode était, en disputant, de remuer toutes les questions et de ne rien établir, il arriva que chacun d'eux en prit ce qui bon lui sembla ; et ils s'accordèrent si peu sur ce qui regarde le souverain bien, que, chose incroyable des disciples d'un même maître, les uns le firent consister dans la volupté, comme Aristippe ; les autres dans la vertu, comme Antisthène, et d'autres en d'autres fins qu'il serait trop long de rapporter.

AUGUSTIN, *La Cité de Dieu*, VIII, III, p. 268.

Il soutient avec beaucoup de force que la nature ne recherche que la volupté et ne craint que la douleur, et c'est à ces deux mobiles qu'il rapporte tout ce que nous devons poursuivre et fuir. Cette doctrine est d'Aristippe, et elle a été bien mieux soutenue et avec plus de vraisemblance par les Cyrénaïques que par Épicure. Cependant rien ne me paraît plus indigne d'un homme qu'une pareille opinion.

CICÉRON, *Des vrais biens et des vrais maux*, I, VII, p. 492.

Et en mettant le souverain bien dans la volupté, premièrement il s'est fort trompé ; en second lieu, il n'a rien dit qui lui fût propre, car

Aristippe avait soutenu cette doctrine avant lui, et mieux que lui.

CICÉRON, *Des vrais biens et des vrais maux*, I, VIII, p. 494.

Votre école déclare d'après lui que la volupté est le souverain bien. Il faut donc d'abord éclaircir ce que c'est que la volupté ; autrement, on ne saurait parvenir à démontrer ce que l'on cherche, et si Épicure l'avait bien expliqué, il n'hésiterait pas comme il fait. Car, ou il se ferait, comme Aristippe, partisan de cette volupté qui chatouille agréablement les sens, et que les animaux eux-mêmes, s'ils pouvaient parler, reconnaîtraient pour la vraie volupté ; ou s'il aimait mieux parler sa langue à lui que celle de « tous les Argiens, des enfants de Mycènes ou de l'Attique », et de tous les autres Grecs cités dans cet anapeste, il n'appellerait volupté que la privation de la douleur, et mépriserait la volupté d'Aristippe ; ou enfin s'il tenait pour l'une et pour l'autre, il joindrait franchement l'absence de la douleur à la volupté, et admettrait ainsi deux fins dernières de tous les biens. Plusieurs grands philosophes ont admis plus d'une fin dernière des biens ; Aristote a joint la pratique de la vertu avec la prospérité d'une vie parfaitement favorisée ; Calliphon a réuni l'honnêteté et la volupté ; Diodore a joint à l'honnêteté l'absence de la douleur. Épicure aurait dû suivre leur exemple en alliant le sentiment auquel Hiéronyme attacha son nom à la vieille doctrine d'Aristippe. Pour eux, comme leurs opinions sont différentes, ils ont établi chacun une seule fin dernière de tous les biens ; et comme l'un et l'autre parlent très bien le grec, Aristippe, qui met le souverain bien dans la volupté, ne dit jamais que l'absence de la douleur soit une volupté, et Hiéronyme, qui le fait consister dans l'absence de toute douleur, bien loin de se servir du mot de volupté pour exprimer cette indolence, ne compte pas même la volupté au nombre des choses désirables.

Ne croyez pas qu'il ne s'agisse que d'une simple différence de termes ; ce sont bien réellement deux choses qu'être sans douleur et être dans la volupté. Et vous, non seulement vous comprenez sous un même terme deux choses aussi dissemblables, ce qui peut encore se souffrir, mais vous vous efforcez de faire une seule chose des deux, ce qui est absolument impossible. Comme Épicure les admet toutes deux, il aurait dû les recevoir l'une et l'autre distinctement ; ce qu'il fait en effet, mais sans jamais exprimer cette distinction dans son langage. Il fait très souvent l'éloge de la volupté comme tout le monde l'entend ; il n'hésite pas à dire qu'il ne peut soupçonner ce que serait un bien séparé de la volupté dont parle Aristippe ; et cet aveu il le fait alors même qu'il traite tout particulièrement du souverain bien.

CICÉRON, *Des vrais biens et des vrais maux*, II, VI et VII, p. 511-512.

C'est ici la question capitale de toute la théorie des biens et des maux. Polémon et avant lui Aristote ont pensé que, parmi les premiers besoins de notre nature, il fallait ranger tous ceux dont je viens de parler. Et de là est venue la doctrine des anciens Académiciens et des Péripatéticiens, lesquels mettent le souverain bien à vivre selon la nature, c'est-à-dire à joindre ensemble la jouissance de ces premiers dons de la nature et la vertu. Calliphon n'a mis en compagnie de la vertu que la volupté, et Diodore, que l'absence de la douleur. Ces divers auteurs admettent sur la théorie des vrais biens les mêmes principes. Pour Aristippe, l'unique bien, c'est la volupté ; pour les Stoïciens, c'est de se conformer à la nature, ce à quoi ils disent qu'on ne parvient que par la vertu et l'honnêteté, et dont ils donnent cette explication, « que c'est vivre avec une telle intelligence des choses qui arrivent naturellement, qu'on puisse choisir celles qui sont conformes à la nature, et rejeter celles qui y sont contraires ». Ainsi il y a sur le souverain bien trois opinions où il n'est point parlé de l'honnêteté, celle d'Aristippe ou d'Épicure, celle d'Hiéronyme, et celle de Carnéade. Il y en a trois autres où l'on met l'honnêteté dans une certaine compagnie, celles de Polémon, de Calliphon, et de Diodore. Il y en a enfin une seule, dont Zénon est l'auteur, où il n'est parlé que de la beauté morale ou de la vertu. Car depuis longtemps, Pyrrhon, Ariston et Hérille ne sont plus comptés. Je vois les autres philosophes fermes dans leurs principes, et ne vacillant jamais ; par exemple, Aristippe, qui met le bien dans la volupté ; Hiéronyme, dans l'absence de la douleur ; Carnéade, qui le fait consister à jouir des premiers dons de la nature.

CICÉRON, *Des vrais biens et des vrais maux*, II, XI, p. 516-517.

Pour Épicure, qui préfère la volupté à tout, s'il entend parler de celle dont Aristippe est le partisan, il aurait dû en faire le plus grand de tous les biens ; si c'est au contraire de celle d'Hiéronyme, il aurait dû pareillement donner le premier rang à cette volupté toute différente du plaisir d'Aristippe.

CICÉRON, *Des vrais biens et des vrais maux*, II, XII, p. 517.

Il faut bannir absolument de la philosophie les opinions de ceux qui retranchent la vertu du souverain bien ; et en première ligne, celle d'Aristippe et des Cyrénaïques, qui n'ont pas eu honte de mettre le bien suprême dans cette volupté qui flatte le plus agréablement nos sens, n'attachant d'ailleurs aucun prix à l'absence de la douleur. Ces gens-là n'ont pas vu que, de même que le cheval est né pour la course, le bœuf pour le labour et le chien pour la chasse, l'homme aussi, semblable à un dieu mortel, est né pour deux grandes choses, comme dit Aristote, pour comprendre et pour agir ; et tout au contraire, ils ont prétendu qu'il n'était né que pour manger et se reproduire, assimilant à quelque animal engourdi et dégradé cette nature si manifestement divine. Je ne connais rien au monde de plus absurde. Ceci soit dit contre Aristippe, qui a regardé non seulement comme le souverain, mais comme l'unique bien, la volupté telle que tout le monde l'entend. Vous êtes, vous, d'une autre opinion ; mais Aristippe est tombé dans une erreur détestable. Car la belle figure du corps humain et l'intelligence admirable dont l'homme est doué font bien voir qu'il n'est pas né uniquement pour jouir des voluptés.

CICÉRON, *Des vrais biens et des vrais maux*, II, XIII, p. 518.

Cherchons le bonheur non pas dans la mollesse et la volupté comme Aristippe [...].

CICÉRON, *Des vrais biens et des vrais maux*, II, XIII, p. 518.

Si le souverain bien consistait dans la volupté, comme vous le dites, il faudrait faire des vœux pour passer les jours et les nuits, sans aucune interruption, dans la jouissance de toutes les voluptés qui pourraient charmer davantage les sens et les enivrer de plaisir. Mais y a-t-il un homme digne de ce nom qui voulût jouir tout un jour de pareilles voluptés ? Les Cyrénaïques, je crois, ne le refuseraient pas.

CICÉRON, *Des vrais biens et des vrais maux*, II, XXXIV, p. 538.

Les uns disent que les premiers mouvements de la nature en nous sont le désir de la volupté, l'aversion de la douleur ; les autres, que notre premier vœu est d'être sans douleur, et notre première crainte d'éprouver la souffrance. (...) Voilà donc six opinions diverses sur le souverain bien. Les chefs des trois dernières sont : pour la volupté, Aristippe ; pour l'absence de la douleur, Hiéronyme ; pour les premiers biens de la nature, Carnéade, qui sans être l'auteur de ce système, l'a défendu et s'en est fait une arme de controverse.

CICÉRON, *Des vrais biens et des vrais maux*, V, VII, p. 588-589.

Que dire du tact et en particulier de celui que les philosophes appellent tact intérieur, celui de la douleur et du plaisir, où les Cyrénaïques voient le seul critère du vrai auquel donner son assentiment ?

CICÉRON, *Premiers Académiques,* II, p. 197.

M. Tullius lui-même, dans le second livre de son traité *Des biens et des maux*, où il dit :

*« Primum, Aristippi cyrenaicorumque omnium, quos non est veritum in ea voluptate, quae maxima dulcedine sensum moveret, summum bonum ponere »* (« D'abord Aristippe et tous les Cyrénéens, qui n'ont pas rougi de placer le souverain bien dans le plaisir qui flatterait le plus agréablement les sens. »)

AULU-GELLE, *Nuits attiques*, XV, p. 249.

*B. Le plaisir, principe téléologique*

Ceux qui disent que le but est le plaisir, comme c'est le cas d'Aristippe.

PAPYR. OXYR., VII, 1012 (B I, 13, p. 88, éd. Hunt).

Il a montré que le but (*telos*) est le mouvement lent dirigé vers les sens.

HÉSYCHIASTE, *Des hommes illustres*, 4, éd. Müller (F.G.H. IV, 156).

Ceux qui restent fidèles au mode de vie d'Aristippe et furent appelés Cyrénaïques professaient les doctrines suivantes. Ils posaient à la base deux affections : souffrance et plaisir ; l'une, le plaisir, est un mouvement lisse ; l'autre, la souffrance, un mouvement rugueux.

Un plaisir ne diffère pas d'un plaisir et quelque chose n'est pas davantage source de plaisir qu'autre chose.

Le plaisir semble bon à tous les vivants, alors que la souffrance, ils estiment devoir la repousser.

Par plaisir, toutefois, ils entendaient le plaisir du corps – qui est aussi pour eux la fin, à ce que dit Panétius dans son ouvrage *Sur les écoles philosophiques* –, et non le plaisir au repos qui dépend de la suppression des douleurs et se veut une espèce d'absence de trouble, plaisir admis par Épicure et que celui-ci donne comme fin.

Ils pensent aussi que la fin est différente du bonheur. La fin, en effet, est le plaisir particulier, tandis que le bonheur est la résultante des plaisirs particuliers, parmi lesquels on compte aussi tant les plaisirs passés que ceux à venir.

Le plaisir particulier doit être choisi pour lui-même, tandis que le bonheur ne l'est pas pour lui-même, mais à cause des plaisirs particuliers.

La preuve que le plaisir est la fin, c'est que, dès l'enfance, nous lui sommes instinctivement attachés ; que, si nous l'avons rencontré, nous ne recherchons rien de plus et que nous ne fuyons rien tant que son contraire, la souffrance.

Le plaisir est un bien, même s'il procède de la conduite la plus honteuse, comme le dit Hippobote dans son ouvrage *Sur les écoles philosophiques*. Car même si l'action était déplacée, il n'en resterait pas moins que le plaisir devrait être choisi pour lui-même et ce serait un bien.

À vrai dire, les plaisirs et les douleurs de l'âme ne dépendent pas tous de plaisirs et de douleurs corporels. En effet, la simple prospérité de la patrie, comme la nôtre propre, suscite en nous la joie.

Mais ils nient que le plaisir, s'il est fonction du souvenir ou de l'attente des choses bonnes, parvienne à son achèvement – comme le pensait Épicure –, car le mouvement de l'âme s'épuise avec le temps.

Ils disent que les plaisirs ne se produisent pas non plus en fonction de la simple sensation de la vue ou de l'ouïe. Nous écoutons par exemple avec plaisir ceux qui imitent les chants funèbres, mais sans plaisir ceux qui les chantent pour un deuil réel.

L'absence de plaisir et l'absence de souffrance, ils les appelaient des états intermédiaires.

Les plaisirs corporels à vrai dire sont de loin supérieurs à ceux de l'âme, et les souffrances corporelles bien pires. Aussi est-ce plutôt des châtiments corporels que l'on fait subir à ceux qui commettent des fautes.

Ils supposaient en effet que la souffrance est plus difficile à supporter et le plaisir plus approprié – de là vient qu'ils se préoccupaient davantage de la gestion du second. C'est pourquoi, alors que le plaisir doit être choisi en soi, les causes pénibles qui produisent certains plaisirs sont souvent contraires au plaisir, si bien que l'accumulation des plaisirs, ne produisant pas dans ce cas le bonheur, leur semblait fort désagréable.

À leur avis, le sage ne vit pas une vie totalement agréable, ni l'homme mauvais une vie pénible totalement, mais pour la plus grande part. Il suffit de goûter un par un les plaisirs qui se présentent.

Ils disent que la sagesse pratique est un bien, qui cependant ne doit pas être choisi pour soi, mais pour ses conséquences ; l'ami est un bien à cause des avantages qu'il nous procure ; une partie de son corps aussi on l'aime, tout le temps dont on en dispose.

Certaines des vertus se forment même chez les insensés.

DIOGÈNE LAËRCE, II, 87 à 91.

Aristippe le Cyrénaïque recherchait les plaisirs, sans pour autant se donner la peine de poursuivre la jouissance de ceux qu'il n'avait pas. C'est pourquoi Diogène l'appelait « chien royal ».

HÉSYCHIASTE, *Des hommes illustres*, 4, éd. Müller (F.G.H. IV, 156).

Prenant Ulysse comme modèle pour sa vie, Aristippe lutta énergiquement contre la pauvreté et contre les malheurs en embrassant sans réserve le plaisir.

PLUTARQUE, *De la vie et de la poésie d'Homère*, II, 150, éd. Bernardakis.

Toutes les écoles philosophiques se disputèrent au sujet du choix du plaisir. L'école dite « cyrénaïque » a été fondée par Aristippe, l'un des disciples de Socrate, qui soutenait que le plaisir est le but même [de la philosophie] et la cause du bonheur. D'après lui le plaisir dure très peu de temps, à l'instar du plaisir charnel, et il affirme en même temps que ni le souvenir des plaisirs passés, ni l'espoir des plaisirs à venir n'ont de valeur. En effet, il considère que le bien appartient exclusivement au moment présent et il pense que tant le plaisir ressenti dans le passé que celui qu'on espère ressentir dans le futur n'ont de valeur en soi, le premier, parce qu'il n'existe plus, le deuxième, parce qu'il n'existe pas encore (il est donc très obscur). Par conséquent, ceux qui ont choisi la volupté ne vivent que dans le présent tout en considérant qu'ils agissent bien.

ATHÉNÉE, XII, 544 a, éd. Kaibel.

Si donc, prêtant attention aux arguments d'Aristippe, nous prenons soin du corps, tout le plaisir provenant de la boisson, de la nourriture, et (des rapports sexuels), et en fait absolument de toutes les choses qui (...) ne (...) plus (...).

DIOGÈNE D'OENANDA, fr. 49, p. 50.

Théophilos dit : « Je ne pense pas comme Philoxène fils d'Éryxis : lui, trouvant, paraît-il, à redire à la nature sur la faculté de jouir, souhaita un jour d'avoir le col d'une grue. Mais bien plutôt faudrait-il vouloir devenir tout à fait cheval, bœuf, chameau, éléphant. Ainsi les appétits et les jouissances seraient bien plus grands et plus vifs : car selon les puissances se font les jouissances. »

ATHÉNÉE, (10), I et II, p. 13.

Et pourtant je vois combien le plaisir flatte agréablement nos sens ; et je me laisse aller à être de l'avis d'Épicure ou d'Aristippe (...). Je puis être dans l'intermédiaire ; et puisque Aristippe favorise le corps tout seul comme si nous n'avions pas d'âme (...)

CICÉRON, *Premiers Académiques,* II, p. 252.

On jugea qu'Aristippe tenait des propos très valables lorsqu'il prescrivait aux hommes de ne point s'inquiéter après coup du passé ni de s'inquiéter à l'avance de l'avenir. Une telle attitude est en effet un signe de confiance et une preuve de sérénité d'esprit. Il exhortait à se concentrer sur le jour présent et même sur la partie du jour où l'on est précisément en train d'agir et de penser. Il disait que seul le présent nous appartient, et non ce qui vient de se passer, ni ce à quoi l'on s'attend : l'un est irrémédiablement perdu, et de l'autre nous ignorons s'il aura lieu.

ÉLIEN, *Histoire variée*, (6), XIV, p. 154.

Aristippe écrit dans *Aux exilés* : « N'est-il pas, d'où qu'il parte, un et le même, le chemin qui conduit à l'Hadès ? »

TÉLÈS, *Sur l'exil,*, (13-30).

### C. Évitement du déplaisir

Mais la suppression de la douleur, telle qu'elle est envisagée par Épicure, n'est pas un plaisir à leurs yeux, pas plus que l'absence de plaisir n'est une souffrance.

Douleur et plaisir sont en effet tous deux dans le mouvement, alors que ni l'absence de souffrance ni l'absence de plaisir ne relèvent du mouvement, puisque l'absence de souffrance, c'est en quelque sorte la condition d'un homme qui dort. Ils disent que même le plaisir, certains peuvent, par perversion, ne pas le choisir.

DIOGÈNE LAËRCE, II, 89.

Et d'abord il y a un point évident, c'est que l'apparition du chagrin est liée à l'impression qu'un mal d'une nature redoutable nous arrive et nous accable. Pour Épicure, c'est l'opinion du mal qui constitue le chagrin par un effet naturel, en sorte qu'il suffit d'envisager un mal un peu grand, avec l'idée qu'il nous est arrivé, pour tomber par le fait même dans le chagrin. Les Cyrénaïques estiment que ce n'est pas n'importe quel mal qui produit le chagrin, mais le mal inattendu et inopiné, et il est vrai que cette circonstance contribue dans une large mesure à augmenter le chagrin, car tous les maux subis font plus d'impression.

CICÉRON, *Tusculanes,* III, (28).

Aussi n'hésité-je pas à emprunter aux Cyrénaïques ces armes qu'ils m'offrent contre le hasard des événements, et lorsque ceux-ci se précipiteront sur moi, je briserai leur assaut, car je les aurai devancés par une longue méditation ; en même temps je prononce que le chagrin relève de l'opinion, non de la nature, car, s'il était réel, pourquoi les maux prévus seraient-ils plus légers ?

CICÉRON, *Tusculanes,* III, (31-32).

Reste l'opinion de l'école cyrénaïque. D'après elle, pour que le chagrin se manifeste, il faut que le malheur frappe inopinément.

CICÉRON, *Tusculanes,* III, (52).

Voici donc les devoirs du consolateur : supprimer radicalement le chagrin, ou le calmer, ou le diminuer le plus possible, ou le refouler et l'empêcher de s'étendre, ou lui trouver des dérivatifs.

Il y a des gens qui réduisent ces devoirs à un seul : montrer que ce qu'on croit un mal n'en est pas un – c'est l'avis de Cléanthe – ou que ce n'est pas un grand mal, ainsi que le font les Péripatéticiens. Pour d'autres, il faut détacher l'esprit de la vision des maux en évoquant celle des biens, comme le fait Épicure. Pour d'autres encore (les Cyrénaïques par exemple), il suffit de montrer qu'il n'est rien arrivé d'imprévisible.

CICÉRON, *Tusculanes,* III, (75-76).

Mais c'est assez parlé ici des glorieuses actions des grands personnages. Nous aurons plus tard à montrer expressément que toutes les vertus tendent à la volupté. Nous avons à montrer maintenant en quoi consiste précisément la volupté afin d'ôter aux ignorants tout sujet d'erreur, et de prouver combien une secte qui passe pour toute voluptueuse, et pour l'asile de la délicatesse et de la sensualité, est en effet grave, sévère et retenue. Car nous ne nous attachons pas à la seule volupté qui nous chatouille agréablement et fait naître dans notre esprit des sensations délicieuses ; mais pour nous, la première de toutes les voluptés, c'est l'absence de la douleur.

En effet, puisque du moment que nous ne sentons aucune douleur, cette trêve et ce soulagement nous donnent de la joie ; puisque tout ce qui nous donne de la joie est volupté, comme tout ce qui nous blesse est douleur ; c'est avec raison que l'absence de toute espèce de douleur est appelée volupté. Et de même que lorsqu'on a chassé la soif et la faim par le boire et le manger, c'est une volupté que de ne plus sentir le besoin ; c'en est une aussi en toutes choses que de faire évanouir la douleur. C'est pourquoi Épicure n'a voulu admettre aucun milieu entre la douleur et la volupté ; et ce que quelques-uns ont regardé comme un milieu entre l'un et l'autre, je veux dire l'absence de toute douleur, il déclare, lui, que c'est non seulement une volupté, mais encore la plus grande de toutes. En effet, avoir conscience des impressions que l'on éprouve, c'est nécessairement jouir ou souffrir ; et Épicure pense que l'absence de la douleur est le dernier terme de la volupté, qui peut bien ensuite être diversifiée de plusieurs manières, mais qui ne peut jamais aller plus loin. Je me souviens d'avoir ouï dire à mon père, qui se moquait avec urbanité et finesse des Stoïciens, qu'il y a dans le Céramique à Athènes une statue de Chrysippe assis, et avançant la main ; ce geste signifie qu'il se plaisait beaucoup à faire ce petit raisonnement subtil : « Votre main dans l'état où la voilà, désire-t-elle quelque chose ? – Non sans doute. – Mais si la volupté était le bien, ne la désirerait-elle pas ? – Je le crois. – La volupté n'est donc pas le bien. » Si la statue pouvait parler, disait mon père, elle ne tiendrait certes pas ce langage. D'ailleurs cet argument ne conclut que contre Aristippe et les Cyrénaïques et nullement contre Épicure. Car s'il n'y avait de volupté que celle qui chatouille agréablement les sens et qui fait courir dans nos membres un frémissement délicieux, la main ne se contenterait pas de ne point sentir de douleur et désirerait encore une vive impression de plaisir.

CICÉRON, *Des vrais biens et des vrais maux*, I, XI, p. 496-497.

Je commencerai donc en parlant de la faiblesse de philosophes nombreux, et qui, de plus, relèvent de diverses écoles. Parmi eux, le premier aussi bien par l'autorité que par l'ancienneté, Aristippe le Socratique, n'hésita pas à dire que le souverain mal c'était la douleur. Puis vint Épicure chez qui une opinion aussi lâche et digne d'une femme trouva beaucoup de docilité.

CICÉRON, *Tusculanes*, II, VI (C).

Aristippe, comme des amis se lamentaient tristement, leur adressa de nombreux propos aptes à calmer leur peine et dit notamment ceci en guise de prologue : « Je viens auprès de vous non pas pour me joindre à votre douleur, mais pour la faire cesser. »

ÉLIEN, *Histoire variée*, (3), VII, p. 77-78.

## 3. *Une sagesse pratique*

### *A. Utilité de la philosophie*

Aristippe lui demandait quel profit il avait tiré de la philosophie. Diogène lui répondit : « Pouvoir être riche sans avoir une seule obole. »

*Gnomologie vaticane*, 182, éd. Sternbach.

Comme on lui avait demandé un jour quel profit il retirait de la philosophie, Aristippe répondit : « Être capable de m'entretenir hardiment avec tous. »

JOANN. SARESB., *Epist.*, 190.

Comme on lui avait demandé quel profit il retirait de la philosophie, [Aristippe] répondit : « Être capable de m'entretenir sans crainte avec tous ceux que je rencontre. »

*Gnomologie vaticane*, 743, n. 36, éd. Sternbach.

Pour moi, j'appliquerai le mot d'Aristippe, le chef de l'école cyrénaïque, ou mieux, en lui donnant le nom qu'il préférait, le disciple de Socrate. Un tyran lui ayant demandé à quoi lui avait servi cette étude si longue et si pénible de la philosophie, Aristippe lui répondit : « À pouvoir parler à tous les hommes sans crainte et sans embarras. »

APULÉE, *Les Florides*, p. 132-133.

Comme on lui avait demandé quel profit il retirait de la philosophie, il dit : « Être capable de m'entretenir hardiment avec tous. »

DIOGÈNE LAËRCE, II, 68.

Comme on l'avait un jour interrogé pour savoir en quoi les philosophes étaient supérieurs aux autres, il répondit : « Si toutes les lois étaient supprimées, nous continuerions à vivre de la même façon. »

HÉSYCHIASTE, *Des hommes illustres*, 4, éd. Müller (F.G.H. IV, 156).

Comme on l'avait un jour interrogé sur ce que les philosophes ont en plus, il dit : « Si toutes les lois étaient supprimées, nous continuerions à vivre de la même façon. »

DIOGÈNE LAËRCE, II, 68.

Aristippe a dit : « J'ai retiré au moins un profit de la philosophie : pouvoir m'opposer à quiconque d'une manière raisonnable. »

*Gnomologie vaticane*, 743, n. 44, éd. Sternbach.

Comme on lui avait demandé quel profit il retirait de la philosophie, [Aristippe] répondit : « De faire sans contrainte ce que les autres ne font que s'ils sont contraints par les lois. »

JEAN DAMASCÈNE, II, 13, 146, éd. Maineke.

Alors que quelqu'un se vantait de son grand savoir, il dit : « De même que les gens qui mangent le plus et font de l'exercice ne sont pas en meilleure santé que les gens qui ne portent à leur bouche que ce qu'il leur faut, de même les sages, ce ne sont pas non plus ceux qui lisent beaucoup, mais ceux qui lisent utile. »

DIOGÈNE LAËRCE, II, 71.

Ceux qui ont eu leur part de l'enseignement encyclique, mais qui ont étés privés de philosophie, il les comparait aux prétendants de Pénélope. Ceux-ci avaient en effet à leur disposition Mélanthô, Polydôra et les autres servantes ; mais tout leur était permis sauf épouser la maîtresse elle-même. Ariston faisait lui aussi le même genre de comparaison. Ulysse, lors de sa descente chez Hadès, avait vu et rencontré tous les morts ou presque, mais la reine elle-même, il ne l'avait point contemplée.

DIOGÈNE LAËRCE, II, 79-80.

L'homme vertueux cependant n'accomplira rien de déplacé lorsqu'il est sous la menace du châtiment ou de l'opinion.

D'autre part le sage existe. Ils admettent le progrès et en philosophie et dans les autres domaines.

DIOGÈNE LAËRCE, II, 93.

*B. Ascèse et maîtrise*

L'ascèse physique contribue à l'acquisition de la vertu.

Diogène Laërce, II, 91.

Il se moquait sans cesse de la rudesse d'Antisthène.

Suidas, éd. Adler.

« Toute couleur, toute situation, toute chose convenait à Aristippe » (Hor., *Ép.*, I, v. 23) fait l'éloge d'Aristippe d'après les mots de Platon qui, lorsqu'il le vit naufragé, couvert d'un manteau à deux pièces (c'est-à-dire qui se plie en deux) et pour cela en très mauvais état, le félicita en lui disant : « Toute couleur, toute situation, toute chose convient à Aristippe, célèbre pour sa sagesse, si du moins il avait essayé de l'acquérir, lui qui sait tirer profit des petites comme des grandes choses. »

D'Aristippe. Comme on demandait à Aristippe quelle était la chose la plus admirable dans la vie, il répondit : « Un homme bon et mesuré, puisqu'un tel homme ne peut être renversé par aucun malheur. »

Stobée, *Florilège*, III, 37, 24, éd. Wachsmuth-Hense.

Bien que parfumé et habillé de pourpre, Aristippe n'était pas moins sage que Diogène. De même qu'un homme, arrivé à une telle force physique que son corps ne pourrait même pas être brûlé par le feu, oserait se jeter dans l'Etna, de même celui qui s'entraîne bien en vue de supporter les plaisirs n'est par eux ni enflammé, ni brûlé, ni consommé.

MAXIME DE TYR, *Dissertations,* I, 9, éd. Hobein.

Un jour qu'on lui demandait en quoi le sage diffère du non-sage, il dit : « Envoie-les tous deux nus vers des gens qui ne les connaissent pas et tu sauras la différence. »

DIOGÈNE LAËRCE, II, 73.

Le sage ne cédera ni à l'envie, ni à la passion amoureuse, ni à la superstition, tous sentiments issus en effet d'une opinion sans fondement.

Cependant il éprouvera du chagrin et de la crainte, car ces sentiments sont naturels.

DIOGÈNE LAËRCE, II, 91.

D'Aristippe. Ce n'est pas celui qui s'abstient du plaisir qui le maîtrise, mais celui qui s'en réjouit sans excès. De même que maîtrise un navire ou un cheval non pas celui qui ne les utilise pas, mais celui qui les dirige où il veut.

STOBÉE, *Florilège*, III, 37, 24, éd. Wachsmuth-Hense.

Aristippe a dit : « De même que nos corps grandissent en se nourrissant et se fortifient en pratiquant la gymnastique, de même notre âme peut devenir grande si on prend soin d'elle, et forte si on l'entraîne constamment. »

*Gnomologie vaticane*, 743, n. 34, éd. Sternbach.

Selon les Cyrénaïques et les Épicuriens, le courage consiste à supporter de terribles malheurs en restant tranquille et en gardant tous ses esprits. Comme dit le poète : « Il lui mit dans l'âme le courage d'une mouche. »

*Schol. in Hom. Iliad.*, v. 2, éd. Dindorf.

On dit que le philosophe Aristippe, disciple de Socrate, s'étant sauvé d'un naufrage sur les côtes de l'île de Rhodes et ayant aperçu des figures géométriques tracées sur le sable, dit en s'écriant à ceux qui étaient avec lui : « Ne craignons rien, je vois des traces d'hommes ! » et que de là, s'étant rendu à la ville, il entra dans les écoles publiques, y disputa sur la philosophie et se fit tellement admirer que les habitants lui firent des présents capables de l'entretenir honnêtement ainsi que tous ses compagnons. Ceux-ci ayant envie de retourner dans leur pays et lui ayant demandé ce qu'il voulait faire dire à ses enfants, il les chargea de leur recommander de s'appliquer de bonne heure à acquérir des biens qui fussent de telle nature que, s'il leur arrivait quelque jour de faire naufrage, ces biens pussent en quelque sorte nager avec eux et les suivre à terre, parce qu'il avait reconnu que l'on ne devait compter dans la vie que sur ce qui n'est point assujetti aux chances de la fortune, au renversement des républiques et aux malheurs de la guerre.

VITRUVE, *De l'architecture*, VI, p. 90-91.

Aristippe agissait plus sensément : il mettait dans la balance les biens et les maux de la vie, et montant, pour ainsi dire, avec les premiers, il laissait tomber les maux, qui servaient même à l'élever. Un de ses amis lui témoignait un jour ses regrets sur la perte qu'il avait faite d'une très belle terre. « N'avez-vous pas, dit Aristippe, une seule métairie, tandis qu'il m'en reste encore trois ? – Cela est vrai, lui répondit son ami. – C'est donc à moi à vous plaindre », reprit Aristippe.

PLUTARQUE, *De la tranquillité de l'âme*, p. 421-422.

Il vaut mieux, je pense, que la chose obéisse à l'esprit, que l'esprit à la chose. Crésus désire tout, et Diogène rien. Aristippe jette son or au milieu des Syrtes, et tout l'or de la Lydie ne suffit pas à Midas.

AUSONE, *Sur Aristippe*, p. 11-13.

Par « circonstances », on entend les changements amenés par l'issue des événements, par la manière de conduire une entreprise, par les motifs qui nous dirigent ; changements dont il résulte que les faits ne sont plus tels qu'auparavant, ou tels qu'ils sont d'ordinaire. Ainsi : « Il est honteux de passer à l'ennemi, mais non pas quand c'est dans le même dessein qu'Ulysse. C'est une sottise de jeter son argent dans la mer, mais non pas quand c'est pour le même motif qu'Aristippe. »

CICÉRON, *Rhétorique, ou De l'invention oratoire*, II, LVIII, p. 168.

Tantôt je me fais homme d'action, je me plonge dans les flots agités de la politique, gardien et satellite austère de la vertu véritable ; tantôt je me laisse insensiblement retomber dans les principes d'Aristippe et je m'efforce d'établir mon joug sur les choses sans subir le leur.

HORACE, *Épîtres*, I, p. 37.

« S'il se résignait à déjeuner de légumes, Aristippe ne voudrait plus vivre avec les rois. – S'il savait vivre avec les rois, celui qui me blâme dédaignerait les légumes. » Lequel de ces deux hommes, à ton avis, parlait et agissait le mieux, apprends-le moi, ou bien, étant le plus jeune, écoute pourquoi l'opinion d'Aristippe est la meilleure. Voici en effet de quelle manière il se dérobait, dit-on, à la dent du Cynique : « Nous faisons les amuseurs, moi pour mon profit, toi au profit du peuple. Ma conduite est, de beaucoup, la plus raisonnable et la plus relevée. J'aurai un cheval pour me porter, un roi pour me nourrir : voilà pourquoi je fais le courtisan ; toi, tu mendies des choses sans valeur, mais tu es [en mendiant] au-dessous de celui qui te donne, bien que tu prétendes n'avoir besoin de personne. » Toute nuance de vie, toute situation, toute fortune convenait à Aristippe, visant d'ordinaire à s'élever, mais sachant s'accommoder du présent. Celui, au contraire, que l'endurance couvre d'un lambeau plié en deux m'étonnerait fort s'il s'adaptait à un changement dans la route de sa vie. Le premier n'attendra pas un manteau de pourpre ; il se montrera, vêtu d'une manière ou d'une autre, dans les lieux les plus fréquentés et tiendra avec aisance les deux rôles ; l'autre se gardera d'une chlanyde tissée à Milet plus que d'un chien et que d'un serpent, il mourra de froid si tu ne lui rends pas son lambeau ; rends-le lui et laisse vivre ce lourdaud.

HORACE, *Épîtres*, XVII, p. 113-114.

[Le meilleur.] Zénon le Stoïcien a modifié ces vers en disant :

« Le meilleur est celui qui fait confiance au sage,
Noble, celui qui juge seul sur toutes les choses du monde. »

Il confère donc la première place à la docilité et la seconde à la sagesse. Contrairement à lui, Aristippe le Socratique disait qu'avoir toujours besoin d'un conseiller est pire que de mendier.

PROCLUS, *À Hésiode.*

*C. Une intersubjectivité ironique*

Aristippe dit : nous préférons de beaucoup vaincre en paroles plutôt que dans les faits, mais il s'agit là d'une défaite, non d'une victoire. Car qui peut concéder la victoire à un lâche, celui qui tourne le dos dans la guerre ? Ou qui peut empêcher la victoire du guerrier, celui qui meurt dans la bataille avec son cheval ? C'est pourquoi la victoire ne vient pas des mots, de même que, mendiant des paroles, le pauvre ne devient pas riche, mais en mendiant de l'argent.

*Anonyme syriaque*, p. 363, trad. Pascale Martello.

Comme le père d'Aristippe l'avait envoyé chercher plusieurs fois et que celui-ci avait refusé d'obéir, le père lui écrivit qu'il allait le vendre conformément aux lois traditionnelles. À quoi Aristippe répondit : « Si je reste encore un peu de temps je deviendrai plus vertueux. Ainsi tu pourras me vendre pour un meilleur prix. »

*Gnomologie vaticane*, 743, n. 42,
éd. Sternbach.

Rencontrant quelqu'un qui lui avait fait du mal et qui l'évitait, comme celui-ci voulait lui tourner le dos encore une fois à cause de la honte qu'il éprouvait, [Aristippe] lui dit : « Ce n'est pas à toi de m'éviter, mais à moi, car le caractère mauvais c'est toi. »

*Gnomologie vaticane*, 743, n. 27,
éd. Sternbach.

Un jour, Aristippe avait eu le dessous dans une dispute contre un homme plein de hardiesse, mais d'ailleurs sans réflexion et sans jugement. Comme il le voyait triomphant et enflé de sa victoire : « Je suis vaincu, lui dit-il ; mais je dormirai plus paisiblement que vous, tout vainqueur que vous êtes. »

PLUTARQUE, *Sur les progrès dans la vertu*,
p. 179.

Comme quelqu'un voulait lui confier son fils, Aristippe lui demanda cinq cents drachmes. L'autre réagit en disant : « Mais pour ce prix-là, je peux acheter un esclave. » Aristippe alors de répliquer : « Achète donc et tu en auras deux. »

DIOGÈNE LAËRCE, II, 72.

Comme quelqu'un s'enorgueillissait de savoir plonger, il dit : « N'as-tu pas honte de te vanter de ce que peut faire un dauphin ? »

DIOGÈNE LAËRCE, II, 73.

Comme quelqu'un s'enorgueillissait de beaucoup boire et de ne pas être ivre, il dit : « Un mulet en fait autant. »

DIOGÈNE LAËRCE, II, 73.

D'Aristippe. À qui le couvrait [un jour] de reproches, Aristippe répondit : « Tu es libre de me couvrir d'injures ; moi aussi, je suis libre de t'écouter ou non. »

STOBÉE, *Florilège*, III, 19, 6, éd. Wachsmuth-Hense.

Pendant qu'il s'éloignait de quelqu'un qui l'injuriait Aristippe dit : « Tu es le maître de ta langue, moi je suis le maître de mes oreilles. »

*Gnomologie monacale latine*, XXXV, 1.

Injurié par quelqu'un, Aristippe essaya de s'en éloigner. Et comme celui-ci le suivait en lui disant : « Quoi, tu t'enfuis ? », il lui répondit : « Bien sûr. Comme tu as le pouvoir de m'injurier, moi aussi j'ai le pouvoir de ne pas t'écouter. »

*Anton., Meliss.*, I, 53, éd. Migne, P.G. CXXXVI. coll. 948.

D'Aristippe. En voyant un homme en colère et qui proférait des paroles désagréables, Aristippe, le philosophe de Cyrène, lui dit : « Il ne faut pas amener les paroles par la colère, mais calmer la colère par les paroles. »

STOBÉE, *Florilège*, III, 20, 63, éd. Wachsmuth-Hense.

Aristippe a dit : à qui lui disait que les gens le méprisaient, il répondit : « Les ânes aussi méprisent les hommes. De même que les hommes ne prêtent aucune attention aux ânes, moi non plus je ne prête aucune attention aux hommes. »

*Gnomon. Monet.* Lat. II, 3.

D'Aristippe. A quelqu'un qui lui dit que « son champ avait été détruit à cause de lui » il répondit : « Il vaut mieux que le champ soit détruit à cause de moi que moi à cause du champ. »

STOBÉE, *Florilège*, IV, 15, 32, éd. Wachsmuth-Hense.

Comme on lui avait demandé pourquoi il entretenait des relations avec des gens au naturel mauvais, Aristippe répondit : « Pour les mêmes raisons qui font que les médecins entretiennent des relations avec les malades. »

*Gnomologie vaticane*, 743, n. 37, éd. Sternbach.

Un jour, dit-on, il donna l'ordre d'acheter une perdrix pour cinquante drachmes ; quelqu'un lui en ayant fait reproche, il dit : « Mais toi, pour une obole, ne l'aurais-tu pas achetée ? » Comme l'autre acquiesçait, Aristippe dit : « Eh bien pour moi cinquante drachmes valent une obole. »

DIOGÈNE LAËRCE, II, 66.

Comme il séjournait en Asie et qu'il avait été fait prisonnier par le satrape Artapherne, il dit à qui lui demandait « Tu te sens le courage en pareille circonstance ? » : « Quand donc, pauvre sot, pourrais-je me sentir plus de courage que maintenant, au moment où je vais discuter avec Artapherne ? »

DIOGÈNE LAËRCE, II, 79.

## 4. *Une politique critique*

### *A. Dynamique de l'éducation*

Aristippe dit à un père qui faisait jurer à son fils qu'il serait juste et honnête : « Fais-lui jurer aussi qu'il deviendra grammairien et musicien et puis regarde s'il le devient sans rien étudier de la grammaire ou de la musique ! »

*Gnomologie vaticane*, 743, n. 33,
éd. Sternbach.

« Les hommes laissent des choses à leurs enfants, mais ne leur laissent pas l'art de les utiliser. » Voilà ce qu'on appelle un « mot » à la manière d'Aristippe.

DÉMÉTRIUS, *Du style,* 296, éd. Radermacher.

Il en est même qui portent si loin l'amour pour l'argent et l'indifférence pour le bien de leurs enfants que, par le seul motif d'une épargne sordide, ils leur choisissent pour gouverneurs des hommes sans nul mérite, dont l'ignorance est toujours à bon marché. Aristippe fit un jour, à un de ces hommes méprisables, une réponse pleine de sel. Comme il lui demandait mille drachmes pour élever son fils : « Comment ! s'écria le père, avec cette somme j'achèterais un esclave. – Faites-le, dit Aristippe, et vous en aurez deux, votre fils et celui que vous aurez acheté. »

PLUTARQUE, *Sur l'éducation des enfants*, p. 8-9.

Comme on lui avait demandé quelle différence sépare les gens éduqués de ceux qui sont sans éducation, il dit : « La même qui sépare les chevaux domptés des indomptés. »

DIOGÈNE LAËRCE, II, 69.

« Mieux vaut mendier, disait-il, qu'être sans éducation ; car si les mendiants manquent d'argent, les gens sans éducation manquent, eux, d'humanité. »

DIOGÈNE LAËRCE, II, 70.

Quelqu'un lui ayant demandé en quoi l'instruction rendait son fils meilleur, il répondit : « À défaut d'autre chose, en ceci à tout le moins qu'au théâtre ce n'est pas une pierre qui s'assiéra sur une pierre. »

DIOGÈNE LAËRCE, II, 72.

Aristippe en tout cas, comme on lui demandait quelles sont les disciplines qu'il faut enseigner aux enfants doués, répondit : « Celles qui leur serviront une fois devenus adultes. »

DIOGÈNE LAËRCE, II, 80.

Accusé par ses concitoyens de passer trop de temps en compagnie des jeunes en discutant de la sagesse, il leur répondit : « Vous aussi vous domptez les poulains et non pas les vieux chevaux. »

*Gnomologie vaticane*, 743, n. 45,
éd. Sternbach.

*B. L'exercice courtisan*

Un jour, comme il voulait demander une faveur pour un ami et qu'il ne l'obtenait point, il se jeta aux pieds [du tyran] et finit par le convaincre. Ce faisant il dit : « Ce n'est pas moi la cause de cette adulation, mais Denys, qui a les oreilles dans les genoux. »

SUIDAS, éd. Adler.

Un jour qu'il demandait à Denys une faveur pour un ami et qu'il ne l'obtenait point, il tomba aux pieds du tyran. À qui le raillait pour son attitude, il dit : « Ce n'est pas ma faute, mais celle de Denys qui a les oreilles dans les pieds. »

DIOGÈNE LAËRCE, II, 79.

Il fréquenta ouvertement la courtisane Laïs et profita pleinement des magnificences de Denys bien qu'il fût souvent insulté. Hégésandros raconte qu'un jour on lui donna une place sans honneur à table : Denys lui demandant comment il trouvait cette place par rapport à celle du jour précédent, il répondit qu'il la trouvait presque identique : « Celle d'hier a perdu son prix une fois séparée de moi, tandis qu'hier, grâce à moi, elle était la plus honorée ; par contre, celle d'aujourd'hui est devenue la plus importante par le fait de ma présence, tandis qu'hier, quand je n'y étais pas, elle ne valait rien. »

Dans un autre endroit Hégésandros raconte [la chose suivante] : un jour que les serviteurs de Denys lui crachèrent à la figure et qu'Antiphon commença à se moquer de lui parce qu'il avait supporté cela, il dit : « Et si j'étais un pêcheur, j'aurais abandonné ma pêche et je serais parti ! ? »

ATHÉNÉE, XII, 544 b, éd. Kaibel.

Comme Denys lui avait craché à la figure, il supporta l'insulte ; mais quelqu'un lui ayant reproché son attitude, il dit : « Et alors ? Les pêcheurs supportent bien d'être arrosés par l'eau de mer pour attraper un goujon, et moi, je ne supporterais pas d'avoir été arrosé par un crachat pour prendre une baveuse ? »

DIOGÈNE LAËRCE, II, 67.

Il était capable de s'adapter au lieu, au moment et à la personne, et de jouer son rôle convenablement en toute circonstance ; aussi était-il auprès de Denys plus apprécié que les autres, car il envisageait toujours du bon côté les situations qui se présentaient : il jouissait du plaisir que lui procuraient les biens présents et il ne se donnait pas la peine de poursuivre la jouissance de ceux qu'il n'avait pas ; c'est pourquoi Diogène le traitait de « chien royal ». Timon en revanche le mordit à belles dents pour sa mollesse, disant en substance : Tel est le sensuel Aristippe qui manie les mensonges.

DIOGÈNE LAËRCE, II, 66.

Chez Denys, il eut un différend pour le choix de trois femmes.

ATHÉNÉE, XII, 544 b, éd. Kaibel.

Un jour que Denys lui avait demandé de choisir une courtisane parmi trois qui étaient là, il les emmena toutes les trois en disant : « Ce ne fut pas un avantage pour Pâris d'en préférer une seule. » À vrai dire, il les emmena, dit-on, jusqu'à son vestibule et les laissa partir, tant il était fort et pour prendre et pour dédaigner.

DIOGÈNE LAËRCE, II, 67.

Denys lui ayant demandé pourquoi les philosophes viennent aux portes des riches, alors que les riches ne viennent pas à celles des philosophes, il dit : « Parce que les uns savent ce dont ils ont besoin, tandis que les autres ne le savent point. »

DIOGÈNE LAËRCE, II, 69.

Le tyran ayant demandé à [Aristippe] pourquoi ce ne sont jamais les riches qui vont aux philosophes, mais les philosophes qui viennent aux riches, il répondit : « Parce que les philosophes savent ce dont ils ont besoin pour vivre, tandis que les autres ne savent pas, étant donné qu'ils se préoccupent plus de leurs richesses que de leur sagesse. »

*Gnomologie vaticane*, 743, n. 6, éd. Sternbach.

Contraint un jour par Denys de parler philosophie, il dit : « Il serait risible que tu t'informes auprès de moi sur l'art de parler et que le moment où il faut parler ce soit toi qui me l'enseignes. » Vivement indigné par ce propos,

Denys le mit en bout de lit. Et lui de dire : « Tu as voulu donner plus d'honneur à cette place. »

DIOGÈNE LAËRCE, II, 73.

Un jour que Simos, l'intendant de Denys, lui montrait des maisons somptueuses, pavées de mosaïques – c'était un Phrygien et un sinistre individu ! –, Aristippe expectora, lui envoya un crachat au visage. Comme l'autre se mettait en colère, il dit : « Je n'avais pas d'endroit plus approprié. »

DIOGÈNE LAËRCE, II, 75.

Comme Denys lui demandait un jour pourquoi il venait le voir, il dit que c'était pour lui donner une part de ce qu'il avait et recevoir en échange une part de ce qu'il n'avait pas. Il en est pour dire que sa réponse fut la suivante : « Quand j'avais besoin de sagesse, j'allais chez Socrate ; mais maintenant que j'ai besoin d'argent, c'est chez toi que je viens. »

DIOGÈNE LAËRCE, II, 77-78.

Un jour, pendant un banquet, Denys ordonna à chacun de mettre un vêtement de pourpre et de danser. Platon déclina l'invitation en disant : « Pas question pour moi de porter une robe de femme. » Aristippe en revanche prit le vêtement et, sur le point de danser, fit cette habile repartie : « Car aux fêtes de Bacchus, celle qui est sage ne saurait être corrompue. »

DIOGÈNE LAËRCE, II, 78.

Denys s'était mis en tête de convaincre Aristippe d'abandonner son manteau de philosophe et de porter un manteau de pourpre. Comme celui-ci accepta, Denys jugea convenable de faire la même proposition à Platon. Mais Platon répondit :

« Pas question pour moi de porter une robe de femme. »

À quoi Aristippe répondit :

« Car aux fêtes de Bacchus, celle qui est sage
ne saurait être corrompue. »

STOBÉE, *Florilège*, III, 5, 38, éd. Wachsmuth-Hense.

Un jour, comme le tyran Denys avait donné l'ordre qu'on apportât des vêtements de femme, lors d'un banquet, pour ceux qui auraient voulu s'en habiller et participer au jeu, et comme Platon avait refusé de le faire en citant ce vers :

« Pas question pour moi de porter une robe de femme »,

Aristippe répondit : « Donne-moi [cette robe] !
Car aux fêtes de Bacchus, celle qui est sage
ne saurait être corrompue. »

*Gnomologie vaticane*, 743, n. 41, éd. Sternbach.

Et comme Denys, tyran de Sicile, avait fait porter un tel vêtement aux philosophes Platon et Aristippe, Platon le refusa en ces termes :

« Je ne pourrais revêtir, moi qui suis un homme, un vêtement de femme. »

et Aristippe l'accepta en disant :

« Aux Bacchanales, une femme chaste ne se laissera pas corrompre. »

Ainsi à l'un des philosophes la chose ne paraissait pas honteuse, à l'autre elle le paraissait.

SEXTUS EMPIRICUS, *Les Esquisses pyrrhoniennes*, III, XXIV, p. 324.

À la cour de Denys, le tyran de Sicile, il buvait beaucoup tout en montrant aux autres comment il fallait danser. Il faisait cela vêtu d'une robe de pourpre. Lorsqu'on offrit à Platon une robe pareille, ce dernier répondit par ces iambes d'Euripide :

« Pas question pour moi de porter une robe de femme,

Moi, qui suis né homme d'une lignée virile. »

Aristippe en revanche prit le vêtement et, tout en riant, répondit par d'autres vers du même poète :

« Car aux fêtes de Bacchus, celle qui est sage
ne saurait être corrompue. »

SUIDAS, éd. Adler.

À qui l'avait accusé d'avoir quitté Socrate pour Denys, il dit : « Mais si je suis allé chez Socrate c'était pour m'instruire, alors que chez Denys, c'était pour me divertir. »

DIOGÈNE LAËRCE, II, 80.

Comme Aristippe avait accepté l'argent qui venait de Denys alors que Platon, lui, n'avait fait que prendre un livre, Aristippe dit à qui lui en faisait reproche : « C'est que moi j'ai besoin d'argent alors que Platon a besoin de livres ».

DIOGÈNE LAËRCE, II, 81.

À qui lui demandait pour quelle raison Denys lui faisait des reproches, il répondit : « Pour la même raison que les autres en font. »

DIOGÈNE LAËRCE, II, 81.

Il demandait de l'argent à Denys, lequel lui dit : « Pourtant, le sage, à t'entendre, ne sera pas dans le besoin. » Aristippe dit en l'interrompant : « Donne et nous examinerons la question. » Denys donna ; Aristippe dit alors : « Tu vois que je ne suis pas dans le besoin ? »

DIOGÈNE LAËRCE, II, 82.

Denys lui ayant dit : « Quiconque s'en va chez un tyran en est l'esclave, même s'il y est allé librement », Aristippe l'interrompit en disant : « Il n'est pas esclave, s'il est libre d'aller. » C'est ce que dit Dioclès dans son ouvrage *Sur les vies de philosophes.* D'autres en fait attribuent le mot à Platon.

DIOGÈNE LAËRCE, II, 82.

Comme le tyran Denys demandait à Aristippe quand il allait enfin cesser de quémander de l'argent, celui-ci répondit : « Lorsque toi tu cesseras de m'en donner. Et cela arrivera lorsque nous ne serons plus contents l'un de l'autre. »

*Gnomologie vaticane*, 743, n. 35, éd. Sternbach.

D'Aristippe. Comme Denys disait à Aristippe : « Je n'ai eu aucun profit de toi », celui-ci répondit : « Oui, c'est vrai, car si tu en avais eu, tu te serais guéri de la tyrannie comme de l'épilepsie. »

STOBÉE, *Florilège*, IV 8, 23, éd. Wachsmuth-Hense.

Minos décida cependant une cause par faveur. Denys de Sicile était accusé par Dion d'une foule d'impiétés qu'attestait le témoignage de son ombre ; il allait être livré à la Chimère, lorsqu'Aristippe de Cyrène, qui est fort bien vu et qui jouit d'un grand crédit chez les morts, l'a fait absoudre, en disant qu'il s'était montré libéral envers bon nombre de savants.

LUCIEN DE SAMOSATE, *Ménippe ou la nécromancie*, (13), t. I, p. 174.

Denys lui offrait souvent en don grande somme d'argent, mais Platon n'en voulait point prendre ; par quoi Aristippe le Cyrénien, qui lors était aussi en la cour de Sicile, disait que Denys faisait ses libéralités et magnificences sûrement : « Car il donne peu à nous qui demandons beaucoup, et beaucoup à Platon qui ne prend rien. »

PLUTARQUE, *Vie de Dion*, XXIII, *Vies des hommes illustres*, p. 1005.

Aristippe dit en se jouant qu'il savait bien aussi une fort étrange chose qui devait bientôt advenir. Et comme les autres lui pressaient de dire que c'était : « Je vous pronostique, dit-il, que dans peu de temps Platon et Denys seront ennemis. » La fin fut que Denys vendit publiquement à l'encan les biens de Dion, et en retint l'argent, et mit Platon, qui auparavant était logé dans le verger prochain de son palais, entre les soudards de sa garde, lesquels de longtemps lui voulaient grand mal, et cherchaient à le tuer.

PLUTARQUE, *Vie de Dion*, XXIV, *Vies des hommes illustres*, p. 1005-1006.

LE PARASITE. (...) Que dis-tu d'Aristippe de Cyrène ? N'est-ce pas, selon toi, un des philosophes les plus distingués ?

TYCHIADE. Assurément.

LE PARASITE. Eh bien, vers la même époque, il vint demeurer à Syracuse et se fit le parasite de Denys. De tous ceux qui s'asseyaient à la table du tyran, Aristippe fut celui qu'il considéra le plus, à cause de sa supériorité dans cet art, où il surpassait tellement les autres, que Denys lui envoyait chaque jour ses cuisiniers, pour prendre de lui des leçons. Aussi me paraît-il avoir élevé notre art à la hauteur qu'il mérite.

LUCIEN DE SAMOSATE, *Le Parasite ou Que le métier de parasite est un art*, (33), p. 183.

Eschine à Phédon. À Syracuse je rencontrai Aristippe sur la place publique. Celui-ci me prit par le bras droit et sur-le-champ, sans la moindre hésitation, m'emmena chez Denys à qui il demanda : « Denys, si quelqu'un venait chez toi pour te rendre insensé, celui-là ne te ferait-il pas du mal ? » Et comme le roi confirmait, Aristippe continua : « Et qu'est-ce que tu ferais à un tel homme ? – Les pires choses, répondit Denys. – Et si par contre, reprit Aristippe, quelqu'un venait chez toi pour te rendre sage, celui-là ne te ferait-il pas un grand bien ? – Bien sûr, répondit Denys. – Eh bien, dit Aristippe, voilà Eschine, un des disciples de Socrate, qui est venu jusqu'ici pour te rendre sage, c'est-à-dire pour te faire du bien. Si donc tu approuves ce que tu viens à peine de me dire, alors traite Eschine comme il se doit. » Alors je pris la parole et je dis : « Ô Denys, Aristippe a fait un geste admirable d'amitié envers moi, en m'emmenant avec lui. Sache que ma sagesse n'est pas si extraordinaire [qu'il te l'a présentée], mais qu'elle suffit pour ne pas commettre des injustices envers les amis. » Convaincu par nos discours, Denys dit qu'il appréciait les mots d'Aristippe et qu'il allait me récompenser, moi, comme il l'avait promis en approuvant le discours d'Aristippe. Ensuite il écouta mon *Alcibiade*, qui parut lui plaire, étant donné qu'il me demanda de lui envoyer d'autres dialogues que j'avais composés. Nous vous promettons, chers amis, de rentrer le plus tôt possible. Mais j'allais oublier... Platon aussi assista à ma lecture, mais il trouva plus raisonnable de lui parler de moi [à Denys] à part, à cause d'Aristippe. Une fois celui-ci congédié par Denys, [Platon] me dit : « Eschine, en présence de cet homme – il se référait à Aristippe – je n'ai aucune envie de parler franchement. Mais Denys te confirmera que je lui ai parlé de toi. Et en effet, le lendemain, dans le jardin, Denys m'a confirmé que Platon lui avait dit beaucoup de choses sur moi. Mais moi j'ai demandé à Platon et à Aristippe qu'ils arrêtent une fois pour toutes avec ces enfantillages – c'est précisément le mot qu'il convient d'utiliser à leur propos – vu le prestige dont ils jouissent dans le peuple. Car nous ne pouvons devenir plus ridicules qu'en agissant d'une telle façon, et en rendant publiques nos [stupides] actions.

*Lettres socratiques*, XXIII, éd. Köhler.

On dit que Platon longea trois fois l'île de Charybde attiré par les richesses de la Sicile. Aristippe le Cyrénaïque, Hélikos de Cyzique et Phiton, lorsqu'il quitta Régium, s'immergèrent dans les trésors de Denys à tel point qu'ils réussirent à peine en ressortir.

SUIDAS, *Eschine*, éd. Adler.

(...) et Apollonios, comme s'il voulait l'aider dans son discours, continua : « Ne donneras-tu aucun exemple, Damis ? En voici quelques-uns : Eschine, le fils de Lysanias, se rendit en Sicile auprès de Denys pour en obtenir de l'argent ; Platon franchit, dit-on, trois fois le détroit de Charybde pour les trésors de la Sicile ; Aristippe de Cyrène et Hélicon de Cyzique et Phyton de Rhégion, lorsqu'il fut exilé, s'enfoncèrent si avant dans le coffre-fort de Denys qu'ils eurent grand-peine à s'en retirer.

PHILOSTRATE, *Vie d'Apollonios de Tyane*, p. 1062.

Antisthène, le philosophe cynique, lavait des légumes, lorsqu'il vit s'approcher Aristippe, le philosophe de Cyrène, et Denys, le tyran de Sicile. Et il dit à Aristippe : « Si tu te contentais de cela, tu ne serais pas obligé de suivre les pas du roi. » À quoi Aristippe répondit : « Et si tu pouvais parler tranquillement avec le roi, tu ne te contenterais plus de tes légumes. »

[CAES. BASS.] *De chria*, éd. Keil.

Un jour qu'Aristippe vit Diogène laver des légumes sauvages auprès d'une source, il lui dit : « Diogène, si tu faisais la cour aux tyrans, tu ne mangerais pas de légumes. » À quoi celui-ci répondit : « Aristippe, si tu mangeais des légumes, tu ne ferais pas la cour aux tyrans. »

*Gnomologie vaticane*, 743, n. 192,
éd. Sternbach.

Un jour qu'Aristippe passait, Diogène, qui lavait des légumes, se moqua de lui en disant : « Si tu avais appris à manger ces légumes, tu ne ferais pas la cour aux tyrans » ; à quoi Aristippe rétorqua : « Et toi, si tu étais capable de vivre dans la compagnie des hommes, tu ne laverais pas des légumes ! »

DIOGÈNE LAËRCE, II, 68.

« S'il déjeunait de légumes ! » Cette phrase appartient à Diogène le Cynique et fut adressée à Aristippe, le philosophe de l'école cyrénaïque.

Le sens en est que si l'on accepte la pauvreté avec sérénité, on ne sera jamais obligé de suivre les rois ; mais si on préfère suivre les rois, on ne saura jamais supporter d'une âme sereine la misère de la pauvreté.

D'où le proverbe : « Le cheval me porte, le roi me nourrit. »

On raconte que Platon avait dit à Aristippe, lorsqu'il le vit en haillons après un naufrage : « Aristippe, à toi tout te va bien ! » sur un ton de plaisanterie. On dit que ceci n'a pas été inventé par Horace, mais qu'il s'agit de la pure vérité. Aristippe aurait soustrait à Diogène le manteau usé et lui aurait mis à la place un manteau de pourpre.

PORPHYRION, *Commentaires sur les Épîtres d'Horace*, I, 17, 13 sq., éd. Holder, v. 13, 20, 23, 32.

« S'il se résignait à déjeuner de légumes avec patience... » L'histoire nous montre combien peut être utile l'amitié des puissants, en nous proposant comme exemples deux philosophes : Diogène le Cynique, de l'école des Épicuriens, partisan d'Alexandre le Grand, et Aristippe le Stoïcien, qui refusait d'aduler les puissants en se contentant de très peu de choses. Un jour qu'Aristippe cueillait des légumes, Diogène apparut et lui dit en plaisantant : « Si tu savais comment tirer profit des rois, tu mépriserais les légumes. » À quoi Aristippe répondit : « Ce Diogène, qui maintenant me blâme, n'aurait certainement plus le temps de tirer profit des rois, s'il déjeunait de légumes comme moi. » Et ceci est une hyperbate.

v. 23 : Fait l'éloge d'Aristippe d'après les mots de Platon. Lorsque celui-ci le vit après un naufrage, habillé d'un manteau à deux pièces (c'est-à-dire qui se plie en deux) et dans un très mauvais état, [il] le félicita en lui disant : « Toute couleur, toute situation, toute chose convient à Aristippe, homme plein de sagesse, qui sait tirer profit des petites comme des grandes choses. »

v. 30 : On dit qu'Aristippe invita Diogène aux bains et fit en sorte que tout le monde s'en aille avant lui. Alors il revêtit le manteau de Diogène, et lui laissa son habit de pourpre. Lorsque Diogène sortit, comme il ne voulait pas se revêtir [du manteau de pourpre], mais qu'il réclamait le sien, Aristippe lui reprocha d'être l'esclave de sa propre renommée, puisqu'il préférait avoir froid plutôt que d'être aperçu dans un habit de pourpre.

Ps. Acron., *Schol. in Horat. epist.*, I, 17, 13 sq., éd. Keller, v. 13.

Pendant le séjour de ce philosophe à Syracuse, Aristippe, le voyant laver des légumes, lui dit : « Si tu voulais flatter Denys, tu ne prendrais pas une pareille nourriture. – Et toi-même, répliqua Diogène, si tu voulais en prendre une pareille, tu ne flatterais pas Denys » (av. J-C. 334).

VALÈRE MAXIME, *Du fait et des paroles mémorables*, IV, III, p. 657.

Un jour qu'il (Diogène) avait remarqué dans un riche banquet Platon qui mangeait des olives, il lui dit : « Pourquoi toi le sage qui as fait la traversée jusqu'en Sicile pour être admis à des tables comme celles-ci, n'en profites-tu pas, maintenant qu'elles sont là devant toi ? » Platon lui répondit : « Mais, par les dieux, Diogène, là-bas aussi je faisais mon ordinaire des olives et des mets de ce genre. » Diogène reprit : « Alors à quoi bon faire la traversée jusqu'à Syracuse ? » Mais Favorinus, dans son histoire variée, attribue ce propos à Aristippe.

DIOGÈNE LAËRCE, VI, 25.

Certains racontent que jadis Aristippe le Socratique envoya au tyran (...).

LUCILIUS, *Satires*, tome II, liv. XXVIII, 7, p. 175.

Aristippe : ce philosophe de Cyrène a eu une attirance incroyable pour l'estomac et pour les cuisiniers. Il a été sophiste auprès de Denys l'Ancien, en Sicile, menant une vie de mollesse, faisant sans vergogne le métier de parasite et poussant la flatterie au-delà de toute limite.

LUCIEN DE SAMOSATE, *Ménippe ou la nécromancie*, (13).

*C. Ni commander, ni obéir*

[Aristippe] devait rencontrer Pharnabase, le satrape du roi, et comme quelqu'un lui dit : « Courage, Aristippe ! », il répondit : « Peut-être as-tu autre chose à me dire. Car moi, depuis que je me suis entretenu avec Socrate, je n'ai plus peur d'affronter personne. »

*Gnomologie vaticane*, 743, n. 43, éd. Sternbach.

[Aristippe] disait qu'il est ridicule de prier les dieux en leur demandant des biens. Car les médecins ne donnent pas à manger et à boire à un malade quand celui-ci en demande, mais quand ils considèrent qu'il est utile de lui en donner.

*Gnomologie vaticane*, 743, n. 32, éd. Sternbach.

D'Aristippe. Aristippe, le philosophe de Cyrène, disait que la différence entre la monarchie et la tyrannie est la même que celle entre la loi et l'anomie ou entre la liberté et l'esclavage.

STOBÉE, *Florilège*, IV, 8, 18, éd. Wachsmuth-Hense.

*1.* Il me semblait aussi que, par des conversations comme celle que je vais rapporter, Socrate poussait ses disciples à pratiquer la tempérance à l'égard du manger et du boire, de la lubricité, du sommeil, et à s'endurcir au froid, au chaud et à la fatigue. Ayant su qu'un de ses disciples poussait en ces matières le dérèglement jusqu'à l'excès : « Dis-moi, Aristippe, lui demanda-t-il, si l'on te confiait deux jeunes gens à élever, de manière que l'un devînt capable de commander et que l'autre ne songeât même pas à prétendre au commandement, comment formerais-tu chacun d'eux ? Veux-tu que nous examinions la question, en commençant par les premiers éléments, c'est-à-dire la nourriture ? – Oui, répondit Aristippe, il me semble que la nourriture doit venir en premier lieu ; car on ne vivrait même pas, si l'on n'était pas nourri. *2.* – N'est-il pas naturel que tous deux éprouvent le désir de manger à certaines heures ? – C'est en effet naturel, dit-il. – Si donc il faut s'occuper d'une affaire pressante plutôt que de satisfaire son appétit, auquel des deux en ferons-nous prendre l'habitude ? – Par Zeus, dit-il, à celui qui est élevé pour le commandement, afin que les affaires de l'État ne restent pas en suspens pendant sa gestion. – Et, quand ils voudront boire, demanda Socrate, n'est-ce pas encore à celui-ci qu'il faut insuffler la force de résister à la soif ? – Si, assurément, dit-il. *3.* – Et s'il faut vaincre le sommeil, afin d'être capable de se coucher tard, de se lever de bonne heure et de veiller, au besoin, auquel des deux l'apprendrons-nous ? – C'est encore au même, dit-il. – Et s'il faut être maître de ses désirs amoureux, pour qu'ils n'empêchent pas de faire ce qu'on peut avoir à faire ? – C'est encore au même, répondit-il. – Et la volonté de ne pas se dérober aux travaux, mais de les affronter de son plein gré, auquel des deux l'inspirerons-nous ? – Cela encore, dit-il, à celui qui est élevé pour commander. – Et s'il est un art qui puisse apprendre à dominer ses adversaires, auquel des deux convient-il plutôt de l'enseigner ? – Plutôt, et de beaucoup, par Zeus, à celui qui est élevé pour commander, répondit-il ; car les autres arts ne servent à rien sans celui-là. *4.* – Dès lors, ne crois-tu pas qu'un homme ainsi élevé serait moins facilement pris par les ennemis que les autres animaux ? Les uns, tu le sais, sont amorcés par la gourmandise, et, bien qu'ils soient parfois très timides, le désir de manger les pousse vers l'appât, où ils sont pris ; pour d'autres, c'est le désir de boire qui les fait tomber dans le piège. – C'est vrai, dit-il.

– D'autres, comme les cailles et les perdrix, sont si lubriques qu'à la voix de la femelle, emportés par le désir et l'espérance du plaisir, ils perdent la notion du danger et se jettent dans les filets. N'est-ce pas ainsi qu'ils agissent ? » *5.* Il en convint aussi. « Eh bien, ne trouves-tu pas honteux que l'homme se laisse prendre aux mêmes pièges que les plus stupides animaux ? C'est ce qui arrive aux adultères, par exemple, quand ils pénètrent dans les appartements fermés, tout en sachant qu'ils s'exposent aux châtiments dont la loi les menace, et qu'ils peuvent être pris au piège et maltraités. Quand l'adultère est menacé de tels maux et de tels opprobres, quand, d'autre part, il a tant de moyens de se débarrasser des désirs amoureux sans courir aucun risque, n'est-ce pas une pure frénésie de se jeter ainsi tête baissée dans le danger ? – C'est mon avis, dit-il. *6.* – Et quand on considère que la majorité des occupations essentielles des hommes s'exercent en plein air, comme la guerre, l'agriculture et d'autres qui ne sont pas de mince importance, ne regardes-tu pas comme une grande négligence que tant d'hommes ne s'entraînent pas à supporter le froid et la chaleur ? » Il en convint aussi. « Dès lors, ne crois-tu pas qu'il faut exercer celui qui doit commander à supporter aussi les intempéries ? – Si, vraiment, dit-il. *7.* – Si donc nous rangeons parmi les hommes aptes à commander ceux qui résistent à toutes ces incommodités, ne rangeons-nous pas ceux qui sont incapables de le faire parmi ceux qui ne peuvent pas élever la moindre prétention à commander ? » Il en convint aussi. « Eh bien maintenant, puisque tu connais la place que mérite chacune de ces deux classes d'hommes, as-tu jamais examiné à quelle place tu pourrais justement te ranger ? *8.* – Oui, dit Aristippe, et je ne me range pas du tout à celle de ceux qui veulent commander. Il me semble en effet qu'il faut être un fou fieffé, alors que c'est une grosse affaire de se procurer à soi-même le nécessaire, pour ne pas se borner à ce soin et pour s'imposer encore la charge de pourvoir aux besoins de ses concitoyens. Se priver soi-même de tant de choses qu'on désire et se mettre à la tête de l'État pour être traduit en justice, si l'on n'a pas exécuté tout ce que veut la cité, n'est-ce pas là le comble de la folie ? *9.* Car enfin le peuple prétend traiter ses gouvernants comme moi mes esclaves. Moi, je veux que mes serviteurs me préparent en abondance tout ce qui m'est nécessaire, mais qu'ils ne touchent à rien, et le peuple entend que ses gouvernants lui procurent le plus de biens possible et qu'eux-mêmes ne touchent à aucun. Si donc il est des gens qui veulent se créer beaucoup d'embarras et en créer aux autres, je les élèverai comme nous avons dit et je les rangerai parmi ceux qui sont propres à commander ; mais moi, je me range parmi ceux qui veulent avoir l'existence la plus facile et la plus agréable possible. » *10.* Alors Socrate :

« Veux-tu donc, dit-il, que nous examinions aussi quels sont ceux qui mènent la vie la plus agréable, de ceux qui gouvernent ou de ceux qui sont gouvernés ? – Très volontiers, dit-il. – Prenons donc d'abord les nations que nous connaissons. En Asie, ce sont les Perses qui gouvernent, et les Syriens, les Phrygiens et les Lydiens qui sont gouvernés. En Europe, les gouvernants sont les Scythes, les Méotes les gouvernés ; en Libye, les gouvernants sont les Carthaginois, les Libyens les gouvernés. De ces peuples, lesquels crois-tu qui vivent le plus agréablement ? Et parmi les Grecs, dont tu es toi-même, lesquels te paraissent mener la vie la plus agréable, ceux qui commandent ou ceux qui sont commandés ? *11.* – Moi, dit Aristippe, je ne me range pas non plus au nombre des esclaves ; mais il me semble qu'il y a une route moyenne où j'essaie de marcher. Cette route ne passe ni par le pouvoir, ni par l'esclavage, mais par la liberté, qui est le grand chemin du bonheur. *12.* – Si cette route qui ne passe ni par le pouvoir ni par l'esclavage, reprit Socrate, ne passait pas non plus par la société des hommes, ce que tu dis là aurait peut-être du sens. Mais si, parmi les hommes, tu ne veux ni commander, ni obéir, ni servir de bon gré ceux qui commandent, tu n'ignores pas, je pense, comment les plus forts s'entendent à faire pleurer les plus faibles et à les traiter en esclaves. *13.* Ou ne vois-tu pas comme ils fauchent les moissons que d'autres ont semées et coupent les arbres que d'autres ont plantés et comme ils assiègent de toutes façons ceux qui refusent de les servir, jusqu'à ce qu'ils les aient amenés à préférer l'esclavage à une lutte avec de plus forts qu'eux ? De même, dans la vie privée, ne vois-tu pas que les braves et les puissants asservissent et pressurent les lâches et les impuissants ? – Oui, dit-il ; mais moi, pour éviter ces maux, je ne m'enferme même pas dans une cité, et je suis étranger partout. *14.* – Voilà certes, s'écria Socrate, un habile artifice. Car les étrangers, depuis que Sinis, Sceiron et Procroustès sont morts, ne sont plus maltraités par personne. Cependant, de nos jours, ceux qui gouvernent dans leur pays établissent des lois pour se mettre à couvert de l'injustice, et, non contents de l'appui de leurs parents, ils se font encore des amis pour les soutenir ; ils entourent leurs villes de remparts ; ils se procurent des armes pour repousser les agressions injustes et se ménagent encore des alliés au-dehors ; et, quand ils ont réuni toutes ces forces, ils ne sont pas pour cela à l'abri de l'injustice. *15.* Et toi, qui n'as aucune de ces ressources et qui passes beaucoup de temps sur les routes, endroits où il se commet le plus de crimes, toi qui, dans quelque ville que tu arrives, es moindre que le dernier des citoyens, et qui, par ta situation, es spécialement désigné aux attaques des malfaiteurs, tu t'imagines, parce que tu es étranger, que tu échapperas à l'injustice ? Est-ce parce que les villes font proclamer par un héraut qu'on ait à respecter ta personne à ton arrivée et à ton départ, que tu as tant de confiance ? Ou est-ce parce que tu penses qu'un esclave de ton espèce ne serait bon à rien pour aucun maître ? Qui voudrait en effet avoir dans sa maison un homme qui ne veut rien faire et qui aime à mener la vie la plus somptueuse ? *16.* Mais examinons encore comment les maîtres en usent avec de pareils serviteurs. Ne corrigent-ils pas leur lubricité en les faisant jeûner ? Ne les empêchent-ils pas de voler en fermant les endroits où ils pourraient enlever quelque chose ? Ne les empêchent-ils pas de fuir en les chargeant de chaînes ? Ne domptent-ils pas leur paresse à force de coups ? Mais plutôt, comment fais-tu toi-même quand tu t'aperçois que tu as un domestique de cette espèce ? *17.* – Je lui inflige, dit-il, toutes sortes de corrections, jusqu'à ce que je l'aie contraint à servir. Mais en réalité, Socrate, ceux qu'on élève pour le métier de roi, où tu me parais placer le bonheur, en quoi diffèrent-ils de ceux qui souffrent par nécessité, s'ils doivent avoir faim, avoir soif, avoir froid, veiller et supporter volontairement toutes les autres misères ? Que le même homme consente ou non qu'on lui déchire la peau à coups de fouet, qu'en un mot il consente ou non qu'on soumette son corps à toutes les tortures de ce genre, je ne vois pas là de différence, sinon que la folie s'ajoute au cas de celui qui se soumet volontairement aux souffrances. »

XÉNOPHON, *Les Mémorables*, II, I, (1 à 17), p. 315-319.

Quelqu'un l'ayant fait entrer dans une demeure magnifique et lui interdisant de cracher, Diogène, après s'être raclé la gorge, lui cracha au visage, en lui disant qu'il n'avait pas trouvé d'endroit moins convenable. D'autres rapportent l'anecdote à Aristippe.

DIOGÈNE LAËRCE, VI, 32.

Pour ce qu'on fait par coutume ou conformément aux institutions de la cité, il n'y a, à ce propos, rien à prescrire ; coutumes et institutions sont, par elles-mêmes, des prescriptions, et il ne faut pas se laisser égarer jusqu'à penser que, parce que Socrate ou Aristippe ont parfois, dans leurs actes ou dans leurs paroles, contrevenu aux coutumes ou aux habitudes de la cité, il nous est permis d'agir de même ; c'est à cause de leurs grandes qualités, de leurs qualités divines qu'ils avaient accès à pareille liberté.

CICÉRON, *Traité des devoirs,* I, (148), p. 546.

# FRAGMENTS CRITIQUES

# 1. Les disciples

## A. Les Cyrénaïques

Il y a trois parties dans la philosophie : la physique, l'éthique et la dialectique ; la physique a pour sujet le monde et les êtres qu'il contient ; l'éthique a pour sujet la vie et les affaires qui nous concernent ; la dialectique est la partie qui s'occupe des raisonnements (mis en œuvre par les) deux autres parties. Et jusqu'à Archélaos il y avait l'espèce physique ; à partir de Socrate, il y eut, comme on l'a dit, l'espèce éthique ; à partir de Zénon, l'espèce dialectique.

Pour l'éthique, il y eut dix écoles de pensée : académique, cyrénaïque, éliaque, mégarique, cynique, érétri(a)que, dialectique, péripatéticienne, stoïcienne, épicurienne.

À la tête de l'école académique antique, il y eut Platon, la moyenne eut à sa tête Arcésilas, la nouvelle Lacydès. À la tête de la cyrénaïque, il y eut Aristippe de Cyrène, de l'éliaque Phédon d'Élis, de la mégarique Euclide de Mégare, de la cynique Antisthène d'Athènes, de l'éré-tri(a)que Ménédème d'Érétrie, de la dialectique Clitomque de Carthage, de la péripatéticienne Aristote de Stagire, de la stoïcienne Zénon de Cition ; quant à l'école épicurienne elle est appelée d'après le nom d'Épicure lui-même.

Hippobote (...), dans son traité *Sur les écoles de pensée*, dit qu'il y a neuf écoles de pensée ou mouvements : 1. l'école mégarique, 2. l'éré-tri(a)que, 3. la cyrénaïque, 4. l'épicurienne, 5. l'annicérienne, 6. la théodorienne, 7. la zénonienne, également (appelée) la stoïcienne, 8. l'académicienne antique, 9. la péripatéticienne ; mais il ne retient ni la cynique, ni l'éliaque, ni la dialectique.

DIOGÈNE LAËRCE, I, 17 à 19.

Certains hommes de Cyrène devinrent célèbres comme par exemple Aristippe le Socratique, celui qui fut à l'origine de la philosophie cyrénaïque.

STRABON, *Géographie*, XVII, 3, 22,
éd. Kramer.

Aristippe, fils d'Aritade, de Cyrène, philosophe, disciple de Socrate. C'est de lui que l'école cyrénaïque tire son nom. Le premier des Socratiques à prétendre à un salaire. Avait beaucoup d'antipathie envers Xénophon et savait s'adapter à chaque moment et à chaque lieu. Se réjouissait des choses présentes et poursuivait le plaisir partout. Il ne se donnait jamais de peine pour chercher le plaisir ailleurs que dans le présent. C'est pour cette raison que Diogène l'appelait « chien royal ». Il nous reste de lui beaucoup d'excellents apophtegmes.

SUIDAS, éd. Adler.

Aristippe eut pour disciple sa fille, Arétè, qui donna naissance à un autre Aristippe, le Jeune, surnommé « le Métrodidacte ». Celui-ci eut pour disciple Théodore, surnommé d'abord « l'Athée », puis « Dieu ». À son tour, celui-ci eut pour disciple Antipatros ; celui-ci, Épitimidès le Cyrénaïque ; celui-ci, Paraibatès ; celui-ci, Hégésias, surnommé « l'homme qui persuade les gens de mourir » ; celui-ci, Annicéris, qui paya la rançon de Platon.

SUIDAS, éd. Adler.

Certains habitants de Cyrène devinrent très célèbres, comme Aristippe [...] et sa fille, Arétè, qui lui succéda à la tête de l'école, suivie par son fils, Aristippe, surnommé le Métrodidacte.

STRABON, *Géographie*, XVII, 3, 22, éd. Kramer.

Comme l'école de Socrate avait enfanté de nombreux disciples, et que parmi les diverses doctrines comprises dans son vaste enseignement chacun d'eux s'était attaché à un objet différent, on vit naître comme autant de familles distinctes, divisées d'opinions, et opposées les unes aux autres, quoique chacune se prétendît héritière du nom et des principes de son fondateur.

Platon forma Aristote et Xénocrate : l'un fut le chef des Péripatéticiens, l'autre donna à son école le nom d'Académie. Antisthène, qui, dans les entretiens de son maître, s'était passionné surtout pour les leçons de patience et de fermeté, donna naissance à la secte des Cyniques, et ensuite à celle des Stoïciens. Aristippe, séduit par ses discours sur la volupté, enseigna la philosophie cyrénaïque, que lui et ses successeurs défendirent avec franchise.

CICÉRON, *Les Trois Dialogues de l'orateur*, III, XVI et XVII, p. 300.

Puisque nous avons passé en revue les philosophes issus d'Aristippe et de Phédon, enchaînons maintenant avec les Cyniques et les Stoïciens issus d'Antisthène.

DIOGÈNE LAËRCE, VI, 19.

Nous, puisque nous avons écrit sa vie, eh bien parcourons désormais ceux de sa lignée, les Cyrénaïques – certains d'entre eux se donnèrent les uns le nom d'Hégésiaques, d'autres celui d'Annicériens, d'autres encore celui de Théodoréens – ; mais il faut parcourir aussi ceux de la lignée de Phédon, dont les coryphées sont les Érétriques.

Voici comment se présente la succession. Disciples d'Aristippe : Arétè, sa fille, ainsi qu'Aithiops de Ptolémaïs et Antipatros de Cyrène ; disciple d'Arétè : Aristippe surnommé le Métrodidacte ; disciple de cet Aristippe : Théodore l'Athée, dit ensuite « Dieu » ; disciple d'Antipatros : Épitimidès de Cyrène ; disciple d'Épitimidès : Paraibatès ; disciples de Paraibatès : Hégésias, l'apologète du suicide, et Annicéris qui paya la rançon de Platon.

DIOGÈNE LAËRCE, II, 85, 86.

Les sept écoles de philosophie tirent leur nom de sept philosophes [...] ou de la patrie où ceux-ci avaient commencé à philosopher, comme c'est le cas de la philosophie dite « cyrénaïque ».

AMMON., *Aristot. categ.*, p. 1, 13, éd. Busse.

Parce que pour appeler les écoles de philosophie il y a sept modalités [...] soit à partir de la patrie du chef de l'école, par exemple les Cyrénaïques d'Aristippe.

PHILOPON., *Aristot. categ.*, p. 1, 19, éd. Busse.

Les écoles philosophiques s'appellent de sept façons différentes [...] à partir de la patrie du chef de l'école, par exemple « l'école cyrénaïque », d'Aristippe de Cyrène [...]. Les écoles s'appellent [...] ou d'après la ville de leur fondateur, comme les Cyrénaïques.

OLYMPIODORE, *Aristot., categ.*, p. 3, 8, éd. Busse.

Le premier point important de la philosophie d'Aristote, c'est de faire une enquête sur le nombre et les appellations des écoles philosophiques. Il faut savoir qu'il y a sept modalités [...] soit à partir de la patrie du chef de l'école, comme c'est le cas des Cyrénaïques, dont le nom vient d'Aristippe de Cyrène.

ÉLIAS, *Aristot. categ.*, p. 108, 15, éd. Busse.

Les écoles philosophiques s'appellent de sept façons différentes [...] soit à partir de la patrie du chef de l'école, tels les Cyrénaïques d'Aristippe.

SIMPLICIUS., *Aristot. categ.*, p. 3, 30, éd. Kalbfleisch.

Chaque philosophie se définit [...] d'après le fondateur, la cité et la doctrine. Par exemple, l'école d'Aristippe s'appelle « aristippienne », d'après son fondateur, cyrénaïque, d'après la cité à laquelle celui-ci appartenait, et hédoniste, d'après le but de cette philosophie. Parce qu'Aristippe était plutôt enclin au plaisir.

[GALEN.], *Histoire philosophique*, 4, éd. Diels.

Parmi les Socratiques nous allons mentionner seulement ceux qui ont laissé des disciples héritiers. Il s'agit donc de Platon [...], Aristippe appartenait au groupe des Socratiques et de lui vient la philosophie cyrénaïque.

[GALEN.], *Histoire philosophique*, 3, éd. Diels.

Socrate convertit beaucoup de gens à la philosophie [...] et aussi Aristippe le Cyrénaïque, qui est à l'origine d'une tradition philosophique à part et de l'école dite « cyrénaïque ».

SUIDAS, *De Socrate*, éd. Adler.

Selon Antigonc dc Caryste, le sage Zénon, en faisant des prédictions – semble-t-il – à propos de votre mode de vie pervers, avait dit que ceux qui ne comprendraient pas ses discours où qui refuseraient d'obéir à ses règles resteraient grossiers et esclaves, de même que ceux qui trahiraient l'école d'Aristippe deviendraient arrogants et seraient perdus.

ATHÉNÉE, XIII, 565 d, éd. Kaibel.

Car ceux-là (les Stoïciens), justement, se sentant dépassés, étaient plus prompts à critiquer les autres dans un esprit brouillon et à coup d'égratignures. C'est ce qui était arrivé bien longtemps auparavant aux disciples de Socrate, quand ils tiraient après eux des arguments différents, d'un côté Aristippe, d'un côté Antisthène et d'un autre côté les Mégariques et les Érétriens ou d'autres encore avec eux. En voici la raison : alors que Socrate posait trois dieux et philosophait à leur propos selon le rythme convenable à chacun, ses auditeurs ne s'en rendaient pas compte et croyaient qu'il disait toutes choses selon sa fantaisie et d'après le hasard victorieux du moment, tantôt l'une, tantôt l'autre, au petit bonheur, au gré du vent.

EUSÈBE DE CÉSARÉE, *Préparation évangélique*, XIV, 5, 4-6.

Voilà pourquoi le vieux Socrate, qu'on pourrait appeler le père et le fondateur de la magnifique philosophie, considérait qu'il faut analyser les choses différemment – d'un côté, celles qui nous ressemblent, de l'autre, celles qui sont au-dessus de nous – et s'intéressait exclusivement aux problèmes du bien et du mal, [en se demandant] comment on peut rendre heureux un homme, une maison ou une cité. En ce sens il approuvait Homère qui considérait qu'avant tout on devait examiner « ce qu'il y a de bon et de mauvais dans les palais ». À cela se tinrent les héritiers légitimes de Socrate, Cébès, Phédon, Aristippe, Eschine.

THÉMISTIUS, *Oraisons*, XXXIV, 5, éd. Dindorf.

N'a-t-on pas vu en vogue, dans la même ville d'Athènes, et les Épicuriens qui soutenaient que les dieux ne prenaient aucun soin des choses humaines, et les Stoïciens qui admettaient, au contraire, une Providence ? C'est pourquoi je m'étonne qu'Anaxagore ait été accusé pour avoir dit que le soleil était une pierre ardente et nié que ce fût un dieu, tandis qu'Épicure a fleuri et vécu tranquille dans la même ville, quoiqu'il ne niât pas seulement la divinité du soleil et des autres astres, mais qu'il soutînt qu'il n'y avait ni Jupiter ni autre puissance dans le monde à qui les hommes dussent adresser leurs vœux. N'est-ce pas à Athènes qu'Aristippe enseignait que le souverain bien réside dans la volupté du corps, et Antisthène dans la vertu, tous deux philosophes célèbres et disciples de Socrate, et qui pourtant plaçaient la souveraine félicité en des choses si opposées ? De plus, le premier disait que le sage doit fuir la vie politique, et le second, qu'il doit la rechercher ; et tous deux avaient des sectateurs.

AUGUSTIN, *La Cité de Dieu*, XVIII, XLI, p. 614.

Sur Speusippe : Il a laissé de très nombreux ouvrages et beaucoup de dialogues, parmi lesquels *Aristippe de Cyrène* (...).

Sur Speusippe : On peut citer : (...) *Aristippe*, en un livre.

DIOGÈNE LAËRCE, IV, 4.

Il eut pour auditeurs, entre autres, sa fille Arétè, qui eut un fils et lui donna le nom d'Aristippe ; elle l'introduisit aux questions philosophiques, ce qui lui valut le surnom d'« élève de sa mère » ; il définit clairement que la fin était de vivre agréablement, en précisant qu'il s'agissait du plaisir en mouvement ; trois états en effet, disait-il, concouraient à notre tempérament : l'un, où nous souffrons, ressemblait à une tempête en mer ; le second, où nous jouissons, pouvait se comparer à l'égalité des flots, car c'est un mouvement égal que le plaisir, à l'exemple d'un vent favorable ; restait un troisième état, intermédiaire, où nous sommes sans douleur ni plaisir et qui ressemble au calme plat. C'est de ces seules passions, déclarait-il, que nous avons la perception.

EUSÈBE DE CÉSARÉE, *Préparation évangélique*, XIV, 18, 32.

Vous entendez peut-être parler, mes amis, de cet Aristippe qui était par sa mère le petit-fils d'Aristippe, disciple de Socrate. Au contact de sa mère qui faisait de la philosophie, il acquit la plus grande part de philosophie qui se puisse. Il contracta même de ce fait le surnom de *Métrodidacte* que tout le monde lui donnait.

THÉODORET DE CYR, *Thérapeutique des maladies helléniques*, tome II, XI, 1, p. 392.

Arétè de Cyrène, la fille d'Aristippe, avait éduqué son fils, Aristippe, surnommé le Métrodidacte.

CLÉMENT D'ALEXANDRIE, *Stromates*, IV, XIX, 122, 1, éd. Staehlin.

Puisque sa mère l'éleva toute seule, dans l'étude de la philosophie, Aristippe fut surnommé le Métrodidacte. Faites donc attention, je ne parle pas d'Aristippe le disciple de Socrate, mais de son petit-fils. La mère aimait beaucoup son fils et le remplit d'enseignements, en s'efforçant de lui montrer tout ce qui était digne d'elle-même et du grand-père.

THÉMISTIUS, *Oraisons*, XXI, 244B, éd. Dindorf.

Sur Pythagore : Aristippe le Cyrénaïque dit dans son ouvrage *Sur les recherches naturelles* qu'on l'a nommé Pythagore parce qu'il proclamait tout autant la vérité que la Pythie.

DIOGÈNE LAËRCE, VIII, 21.

Sur Périandre : Aristippe, dans le premier livre de son ouvrage *Sur la sensualité des Anciens*, rapporte à son propos les détails suivants : sa mère Cratéia qui était éprise de lui couchait avec lui en secret et il y trouvait du plaisir. Mais lorsque l'affaire fut découverte, il se montra insupportable envers tous du fait que la découverte le faisait souffrir.

DIOGÈNE LAËRCE, I, 96.

Sur Socrate : Il resta une nuit entière dans la même position, et (...), s'étant fait distinguer là-bas par sa valeur, il en laissa la récompense à Alcibiade, dont il était épris, dit Aristippe au livre IV du *Sur la sensualité des Anciens*.

DIOGÈNE LAËRCE, II, 23.

Sur Platon : Aristippe, au quatrième livre de son ouvrage *Sur la sensualité des Anciens*, raconte que Platon était épris d'un jeune homme du nom d'Aster qui étudiait avec lui l'astronomie, tout comme de Dion.

DIOGÈNE LAËRCE, III, 29.

Sur Xénophon : Aristippe, dans le quatrième livre de son ouvrage *Sur la sensualité des Anciens*, dit qu'il s'éprit de Clinias et qu'il tint sur celui-ci les propos suivants : « Actuellement, il m'est plus doux, à moi, de contempler Clinias que de contempler toutes les autres beautés que l'on voit chez les hommes. J'accepterais d'être privé de la vue de toutes les autres beautés plutôt que d'être privé de celle du seul Clinias. Je souffre de la nuit et du sommeil, parce que je ne le vois pas. En revanche je sais le plus grand gré au jour et au soleil de ce qu'ils me donnent à voir Clinias. »

DIOGÈNE LAËRCE, II, 49.

Sur Polémon : Polémon imitait, semble-t-il, Xénocrate en tout point. Aristippe, dans le quatrième livre de son ouvrage *Sur la sensualité des Anciens*, dit que Polémon fut épris de lui.

DIOGÈNE LAËRCE, IV, 19.

Sur Aristote : Aristippe, lui, au livre I du *Sur la sensualité des Anciens*, dit qu'Aristote fut l'amant d'une concubine d'Hermias.

DIOGÈNE LAËRCE, V, 3.

Sur Nicomaque : Du fils d'Aristote, Nicomaquc, Aristippe, au livre IV du *Sur la sensualité des Anciens*, dit que Théophraste fut amoureux, bien qu'il fût son maître.

DIOGÈNE LAËRCE, V, 39.

Sur Empédocle : Pausanias, à ce que disent Aristippe et Satyros, était son aimé.

DIOGÈNE LAËRCE, VIII, 60.

La plupart des gens exaltent Métrodidacte, le fils d'Arétè, la sœur *[sic]* d'Aristippe. Aristote dit avoir vu les petits du rossignol apprenant à chanter de leur mère.

ÉLIEN, *Traité sur la nature des animaux*, III, 40, éd. Hercher.

## ARISTOTE LE CYRÉNAÏQUE

Seul le Cyrénaïque Aristote méprisa l'amour de Laïs. Il aurait juré à l'hétaïre qu'il la ramènerait dans sa patrie si elle l'aidait à lutter contre ses ennemis. Après que la chose fut faite il voulut tenir gracieusement sa parole et envoya à Cyrène... un très fidèle portrait de cette femme, comme nous le raconte Istros dans son ouvrage *Sur les récompenses du comportement*.

CLÉMENT D'ALEXANDRIE, *Stromates*, III, VI, 50, 4, éd. Staehlin.

Comme on lui demandait si l'amour naît à cause du rapprochement, Aristote le philosophe cyrénaïque répondit : « Ni à cause de cela, ni sans cela. »

STOBÉE, *Florilège*, IV, 20, 32, éd. Wachsmuth-Hense.

Aristote de Cyrène disait qu'il ne faut accepter aucun bienfait : ensuite, soit l'on est embarrassé de trouver une manière de rendre la faveur, soit on semble ingrat si l'on ne s'en acquitte pas.

ÉLIEN, *Histoire variée,* X, p. 104.

Sur Aristote de Cyrène : Qui a écrit sur la poétique.

DIOGÈNE LAËRCE, V, 35.

## ANTIPATROS DE CYRÈNE

De plus, si la nuit n'ôte point le bonheur, pourquoi nous serait-il ôté par des jours semblables à la nuit ? Voici à ce sujet un mot d'Antipater le Cyrénaïque qui est bien un peu libre, mais dont l'idée ne manque pas de justesse. Il était aveugle et des femmelettes s'attendrissaient sur son état : « À quoi pensez-vous, dit-il ? Serait-ce que pour vous la nuit n'a pas ses plaisirs ? »

CICÉRON, *Tusculanes,* V.

## ARISTOXÈNE DE CYRÈNE

Aristoxène, le philosophe de Cyrène, adoptant par le fait la philosophie de son pays – à qui, par parenthèse, un genre de jambon préparé d'une façon particulière doit d'être appelé

« Aristoxène » –, allait, par un comble de raffinement, jusqu'à arroser le soir de vin au miel les laitues qui poussaient dans son jardin ; à l'aube, il les cueillait, disant qu'il avait là des « gâteaux frais » que la terre lui envoyait en retour.

ATHÉNÉE, I et II, p. 15.

Le bouffon Eudicos se fit une réputation à mimer les luttes à main plate et à coups de poings, au dire d'Aristoxène.

ATHÉNÉE, I et II, p. 44.

## DENYS LE TRANSFUGE

Denys le Transfuge a dit que la fin était le plaisir, à cause d'une circonstance pénible : une maladie des yeux ; souffrant en effet de façon intense, il hésita à dire que la douleur était un indifférent.

Il était le fils de Théophanos, de la ville d'Héraclée. Il fut l'auditeur, comme le dit Dioclès, d'abord de son concitoyen Héraclide, ensuite d'Élexinos et de Ménédème, enfin de Zénon.

Et au début, parce qu'il était épris de littérature, il s'essaya à des poèmes de toutes sortes, mais ensuite il prit aussi Aratos comme modèle et chercha à l'imiter. Ayant abandonné Zénon, il se tourna vers les Cyrénaïques ; il entrait dans les maisons closes et s'adonnait sans dissimulation à toutes les autres voluptés. Il se laissa mourir de faim vers les quatre-vingts ans.

On cite de lui les livres suivants :

*Sur l'apathie,* en deux livres,
*Sur l'exercice,* en deux livres,
*Sur le plaisir,* en quatre livres,
*Sur la richesse,*
*(Sur) la gratitude et le châtiment,*
*Sur la manière d'en user avec les hommes,*
*Sur la chance,*
*Sur les anciens rois,*
*Sur les actions louables,*
*Sur les mœurs barbares.*

DIOGÈNE LAËRCE, VII, 166, 167.

Denys le Transfuge (ou Spintharos, selon certains), ayant écrit son *Parthénopée*, le signa du nom de Sophocle. L'autre (Héraclide du Pont), l'ayant cru, en prit à témoin des passages pour l'un de ses propres traités, dans l'idée que c'était du Sophocle.

Quand Denys s'en aperçut, il lui révéla ce qui était arrivé ; mais comme Héraclide refusait de le croire, il lui écrivit de regarder l'acrostiche ; et il contenait « Panclos » : c'était le bien-aimé de Denys. Mais comme, ne le croyant toujours pas, Héraclide disait qu'il était possible qu'il en fût ainsi par hasard, Denys lui écrivit à nouveau en réponse : « Tu trouveras aussi cela :

A. On ne prend pas au piège un vieux singe ;

B. Si, on le prend : ce n'est qu'une question de temps. »

Et en outre : « Héraclide ne sait pas ses lettres, et n'en a pas honte. »

DIOGÈNE LAËRCE, V, 92, 93.

*B. Hégésias*

Hégésias le Cyrénaïque. Il a dit qu'il n'existe ni amitié ni joie. Il disait que ces deux choses n'existent pas par elles-mêmes, mais que c'est l'homme bienveillant qui donne la joie et l'homme riche qui fait le bien. Il disait encore qu'il vaut mieux pour le méchant vivre et pour le sage mourir. À cause de ses opinions on l'appela « celui qui recommande la mort ».

ÉPIPHANE, *Contre les hérésies*, III, 2, 9, éd. Diels.

Hégésias, par ses discours, persuada à plusieurs de ses auditeurs de se donner la mort.

PLUTARQUE, *De l'amour des pères et des mères pour leurs enfants*, p. 485.

Quelle force d'éloquence ne devons-nous pas supposer au philosophe Hégésias, de Cyrène ? Il faisait une si vive peinture des maux de la vie, que, ces tristes images ne s'effaçant plus de l'esprit de ses auditeurs, beaucoup d'entre eux voulurent se donner la mort. Aussi le roi Ptolémée lui fit-il défense de discourir davantage sur ce sujet.

VALÈRE MAXIME, *Du fait et des paroles mémorables*, VIII, IX, (3), p. 767.

Après quelques mots à son interlocuteur : « Mais pourquoi toutes ces phrases ? Vous ne vous y laisserez pas prendre. Je vous donne là du style d'Hégésias, que j'aime tant. »

CICÉRON, *Lettres*, t. V, « Lettre à Atticus », n° 461, p. 419.

Pourquoi d'ailleurs gémir ici sur la destinée humaine ? Je serais en droit de le faire en toute sincérité, mais puisqu'ici je m'attache à bannir l'idée que nous serons malheureux après la mort, est-ce le moment de m'attacher aussi à faire ressortir les misères de la vie en m'apitoyant sur elle ? Je l'ai fait dans l'ouvrage où, dans la mesure du possible, je me suis consolé moi-même (1). Je disais donc que la mort nous arrache à des maux et non à des biens, si l'on va au fond des choses. C'est là un point sur lequel Hégésias de Cyrène (2) apporte tant de preuves que le roi Ptolémée l'empêcha, dit-on, de le traiter dans ses cours, parce que nombre de gens, après l'avoir entendu, se donnaient la mort.

CICÉRON, *Tusculanes*, I.

Hégasias, lui, a écrit tout un ouvrage intitulé l'Αποχαρτερῶν, parce que le héros en est un individu qui se prive de nourriture pour en finir avec la vie ; des amis l'invitent à renoncer à ce projet ; il leur répond en détaillant les maux de l'existence humaine.

CICÉRON, *Tusculanes*, I.

À Hégésias qui le priait de lui prêter un de ses ouvrages, Diogène répondit : « Pauvre sot que tu es, Hégésias ! Les figues sèches, tu n'en prends pas des peintes, mais des vraies, alors que pour l'ascèse, tu négliges la vraie et tu te précipites sur celle que l'on trouve dans les livres ».

DIOGÈNE LAËRCE, VI, 48.

*C. Les Hégésiaques*

Les philosophes dits hégésiaques avaient les mêmes buts : plaisir et souffrance.

La reconnaissance, l'amitié, la bienfaisance n'étaient rien à leurs yeux puisque nous ne les choisissons pas pour elles-mêmes, mais à cause des avantages qu'elles procurent, et que, si ces avantages disparaissent, celles-ci ne subsistent plus.

Le bonheur est chose absolument impossible, car le corps est accablé de nombreuses souffrances, l'âme qui participe à ces souffrances du corps en est aussi troublée, enfin la Fortune empêche la réalisation de bon nombre de nos espoirs, si bien que pour ces raisons le bonheur n'a pas d'existence réelle.

La vie comme la mort peuvent être choisies autant l'une que l'autre.

Ils supposaient que par nature rien n'est plaisant ni déplaisant.

C'est à cause du manque, de la nouveauté ou de la satiété que les uns éprouvent du plaisir et les autres du déplaisir.

Pauvreté et richesse ne comptent pour rien dans le plaisir, car il n'y a pas de différence dans la façon dont les riches et les pauvres éprouvent du plaisir.

L'esclavage, à égalité avec la liberté, est indifférent quand il s'agit de mesurer le plaisir, de même la noblesse de naissance à égalité avec la basse naissance et la bonne réputation avec la mauvaise.

Si pour l'insensé vivre est avantageux, pour l'homme sensé c'est indifférent.

Le sage fera tout en vue de soi-même, car il pense qu'aucun autre n'est aussi estimable que lui. En effet, même s'il paraît recevoir les plus grands avantages, ceux-ci ne se comparent pas à ceux que lui-même apporte.

Ils rejetaient aussi les sensations, parce qu'elles ne produisent pas une connaissance exacte.

Ils disaient d'accomplir toutes celles des actions qui paraissent conformes à la raison. Les fautes doivent être pardonnées, disaient-ils, car on les commet non pas volontairement, mais sous la contrainte de quelque passion.

Ils disaient qu'il ne faut pas éprouver de haine, mais bien plutôt convertir en enseignant.

La supériorité du sage ne sera pas tant de choisir les biens que de fuir les maux, parce qu'il pose pour fin de ne vivre ni dans la peine ni dans le chagrin, un résultat qu'obtiennent en réalité ceux qui sont indifférents à l'égard des causes du plaisir.

DIOGÈNE LAËRCE, II, 94-96.

*D. Annicéris*

Annicéris de Cyrène était fier de son art de dresser les chevaux et de conduire les chars. Un jour, il voulut montrer sa virtuosité à Platon. Il attela donc son char et fit de nombreux tours dans l'Académie, en respectant le tracé du parcours avec une telle précision qu'il ne sortait pas des ornières mais empruntait toujours un chemin parfaitement identique. Tout le monde était admiratif, comme on peut l'imaginer ; Platon, en revanche, critiqua son zèle exagéré en disant : « Il est impossible qu'un homme qui s'attache avec autant d'application à des vétilles s'occupe sérieusement de quelque chose de grand. Entièrement concentré sur des bagatelles, l'esprit lui fait nécessairement défaut face à ce qui est vraiment admirable. »

ÉLIEN, *Histoire variée*, II, 27.

Sur Platon vendu comme esclave par Denys à Égine : Certains racontent que Platon fut conduit devant l'assemblée et que là, gardant obstinément le silence, il attendit sans broncher la suite des événements. Les Éginètes décidèrent de ne pas le faire mettre à mort et jugèrent préférable de le faire mettre en vente, comme si c'était un prisonnier de guerre.

C'est alors qu'Annicéris de Cyrène, qui se trouvait là par hasard, le rachète pour vingt mines – d'autres disent trente – et le renvoie à Athènes auprès de ses amis. Ces derniers lui envoyèrent immédiatement la somme d'argent. Annicéris la refusa en déclarant qu'ils n'étaient pas les seuls à être dignes de s'occuper de Platon.

Certains racontent que Dion aussi envoya de l'argent et qu'Annicéris ne le garda pas, mais acheta pour Platon le petit jardin qui se trouve dans l'Académie.

DIOGÈNE LAËRCE, III, 19, 20.

Certains hommes de Cyrène devinrent célèbres, comme Aristippe [...] et Annicéris, celui dont on dit qu'il réforma l'école cyrénaïque en la remplaçant par l'école « annicérienne ».

STRABON, *Géographie*, XVII, 3, 8, 22,
éd. Kramer.

Annicéris, le philosophe cyrénaïque qui devint épicurien, bien qu'il fût le disciple de Paraibatès, l'élève d'Aristippe. Il avait un frère qui s'appelait Nicotélès, lui aussi philosophe, dont l'illustre disciple fut Poséidon. De lui vient le nom de l'école « annicérienne ». Il vécut au temps d'Alexandre.

SUIDAS, éd. Adler.

*E. Les Annicériens*

Les Annicériens ont, pour tout le reste, les mêmes opinions que ceux-ci [les Hégésiaques], mais ils admettaient qu'il y a place dans la vie pour l'amitié, la reconnaissance, le respect des parents et le service de la patrie.

Par conséquent le sage, dût-il à cause de cela connaître des tourments, n'en sera pas moins heureux, même si les plaisirs qui pour lui en résultent sont peu nombreux.

Le bonheur de l'ami ne doit pas être choisi pour lui-même, car il n'est pas, pour celui qui est proche, perceptible par les sens.

La raison ne suffit pas pour avoir confiance en soi et se situer au-dessus dc l'opinion du grand nombre. Il faut en fait former son caractère, compte tenu des mauvaises dispositions qui se sont développées en nous depuis très longtemps.

Ce n'est pas seulement à cause des services qu'il nous rend qu'on accueille l'ami – sinon, quand ces services font défaut, on ne se tournerait plus vers lui – mais c'est aussi en raison des liens qui se sont créés et qui font qu'on est même prêt à supporter des souffrances.

En vérité, bien qu'on se donne le plaisir comme fin et qu'on souffre d'en être privé, on supportera cependant bien volontiers cette privation à cause de l'affection qu'on éprouve pour son ami.

DIOGÈNE LAËRCE, II, 96-97.

Les philosophes qu'Aristippe nomme cyrénaïques et annicériens font consister toute espèce de biens dans le plaisir, et ils croient que, si la vertu est louable, c'est qu'elle produit du plaisir ; ces philosophes sont passés de mode ; mais Épicure, qui est en pleine vogue, soutient à peu près la même opinion.

CICÉRON, *Traité des devoirs,* I, p. 626.

Les Annicériens, issus de l'école de Cyrène, ne fixèrent aucune fin déterminée de toute la vie, mais attribuèrent à chaque action, comme fin propre, le plaisir qu'elle engendre. Ces Cyrénaïques rejettent la définition qu'Épicure a donnée du plaisir, c'est-à-dire la suppression de la douleur, appelant cela l'état d'un cadavre ; car nous nous réjouissons, disaient-ils, non pas seulement des plaisirs, mais encore des relations sociales et des honneurs.

CLÉMENT D'ALEXANDRIE, *Stromates*, II, XXI, 130, 7 et 8, p. 129.

*F. Théodore*

Théodore a dit : quiconque veut et désire être l'élève de la sagesse se détache des avantages de l'argent et se purifie des pensées troublantes de l'amour des femmes, pour n'être entravé par rien. Et si quelque chose est possible et réalisable, ce ne peut concerner les femmes, parce que notre œil est fait un peu comme le cours de l'eau, et avec son regard vif le sentiment laisse une trace derrière lui, et il peut l'épuiser par sa légèreté, et s'éloigner de la parole des sages, et les actions inconvenantes s'accumulent en conséquence de l'obscurité de son esprit, et il parvient à la honte en conséquence de son désir, et à l'humiliation en conséquence de sa négligence.

*Anonyme syriaque*, p. 483,
trad. Pascale Martello.

Il n'est personne qui ose professer l'opinion de Diagoras et de Théodore, les inventions chimériques de Leucippe, ou les futilités de Démocrite et d'Épicure, contre l'autorité des sept fameux philosophes de jadis qu'on appela les Sages, contre l'autorité de Pythagore, Socrate et Platon, et de tous les éminents philosophes qui ont admis l'existence d'une providence.

LACTANCE, *De la colère des dieux*, X, 47,
p. 141.

Dieu a créé le monde, comme l'a pensé Platon, mais sans montrer pourquoi il l'avait créé. « Parce qu'il est bon, dit-il, et qu'il est exempt d'envie, il a fait ce qui est bon. » Nous voyons pourtant qu'il y a dans la nature du bon et du mauvais. Il peut donc se trouver un esprit pervers, tel Théodore, le célèbre athée, pour répondre à Platon : « Bien au contraire, c'est parce qu'il est mauvais qu'il a créé du mauvais. »

LACTANCE, *Épitomé des institutions divines*, LXIII, 1-2, p. 247.

Pourtant, à une époque plus tardive où déjà la philosophie n'était plus en sa fleur, il y eut un certain Diagoras de Mélos pour nier absolument l'existence de Dieu, et à cause de cette opinion on le nomma « l'Athée », comme Théodore de Cyrène. L'un et l'autre, incapables de rien découvrir de neuf, puisqu'on avait déjà tout dit et tout imaginé, préférèrent aller contre la vérité et nier ce sur quoi leurs prédécesseurs unanimes étaient tombés d'accord sans équivoque.

LACTANCE, *De la colère des dieux*, IX, 7, p. 123.

Il faut lire non seulement les enseignements des saints apôtres, mais aussi les oracles des prophètes divins, car en voyant l'harmonieux accord de l'ancienne et de la nouvelle théologie, on sera saisi d'admiration devant la vérité et l'on évitera l'athéisme de Diagoras de Milet, de Théodore de Cyrène et d'Évhémère de Tégée, ces hommes – Plutarque nous le dit – qui ont pensé qu'il n'y avait pas de Dieu.

THÉODORET DE CYR, *Thérapeutique des maladies helléniques*, II, 112, p. 169.

Les seuls athées ne sont donc pas Diagoras de Milet, Théodore de Cyrène, Évhémère de Tégée et leurs acolytes, qui nient absolument qu'il y ait des dieux, comme le disait Plutarque, mais ce sont aussi Homère, Hésiode, et les groupes de philosophes, fabuleux inventeurs de bandes innombrables de dieux qu'ils présentèrent comme de grossiers esclaves des passions humaines.

THÉODORET DE CYR, *Thérapeutique des maladies helléniques*, III, 4, p. 171-172.

Car je ne crois pas ce que Dioclès de Cnide rapporte dans l'œuvre intitulée *Entretiens* ; selon lui, c'est par crainte, quand les disciples de Théodore et Bion le Sophiste fondaient sur les philosophes et n'hésitaient pas à les réfuter par tous les moyens, qu'Arcésilas, pour prévenir les difficultés, n'aurait avancé aucune opinion voyante mais lancé devant lui, comme la seiche son encre, la « suspension de jugement ». C'est donc là ce que je ne crois pas.

EUSÈBE DE CÉSARÉE, *Préparation évangélique*, XIV, 6, 6, p. 77.

Certains philosophes, comme Diagoras de Milet, Théodore de Cyrène et Évhémère de Tégée nient absolument l'existence des dieux (...)

EUSÈBE DE CÉSARÉE, *Préparation évangélique*, XIV, 16, 1.

Il semble qu'il ait été appelé « Dieu », parce que Stilpon lui avait posé la question suivante : « Théodore, ce que tu affirmes être, tu l'es bien ? » Comme celui-ci faisait un signe de tête affirmatif, Stilpon dit : « Or tu affirmes que Dieu est. » Théodore ayant acquiescé, Stilpon conclut : « Donc tu es dieu. » Théodore ayant pris la chose avec satisfaction, Stilpon éclata de rire et dit : « Mais malheureux, avec un raisonnement comme celui-là, tu reconnaîtrais aussi bien être un geai ou mille autres choses. »

Théodore, un jour qu'il s'était assis auprès du hiérophante Euryclidès, lui demanda : « Dis-moi, Euryclidès, quels sont ceux qui se montrent impies à l'égard des mystères ? » Euryclidès ayant répondu : « Ceux qui les dévoilent aux non-initiés », « Donc toi aussi tu es impie, dit Théodore, puisque tu les expliques à des non-initiés. » Et en vérité peu s'en fallut qu'il ne fût conduit à l'Aréopage, si Démétrius de Phalère ne l'avait tiré de là. Amphicratès, dans son ouvrage *Sur les hommes illustres*, dit qu'il fut condamné à boire la ciguë.

Tandis qu'il séjournait à la cour de Ptolémée, fils de Lagos, ce dernier l'envoya un jour comme ambassadeur auprès de Lysimaque. À cette occasion, alors que Théodore s'exprimait avec une grande franchise, Lysimaque lui dit : « Mais dis-moi, Théodore, n'est-ce pas toi qui as été banni d'Athènes ? » À quoi Théodore répliqua : « On t'a bien informé. En effet la cité d'Athènes, comme elle n'était pas capable de me supporter, m'a expulsé, tout comme Sémélé a expulsé Dionysos. » Lysimaque reprit : « Eh bien, tâche de ne plus te retrouver chez nous. – Pas de risque, dit Théodore, sauf si Ptolémée m'y envoie. » Mithrès, le trésorier de Lysimaque, qui se trouvait là, lui dit : « Non content de ne pas reconnaître les dieux, tu sembles ne pas reconnaître non plus les rois. – Comment, dit Théodore, puis-je ne pas reconnaître les dieux, alors que, précisément, je te considère, toi, comme un ennemi des dieux ? »

On raconte qu'un jour où il passait à Corinthe entraînant avec lui de nombreux disciples, Métroclès le Cynique, qui était en train de laver des brins de cerfeuil, lui dit : « Hé toi, le

Sophiste, tu n'aurais pas besoin de tant de disciples si tu lavais des légumes ! » À quoi Théodore, en l'interrompant, rétorqua : « Et toi, si tu savais t'entretenir avec les hommes, tu n'aurais pas affaire à ces légumes ! » La même anecdote est rapportée, comme je l'ai dit plus haut, à Diogène et Aristippe.

Tels étaient Théodore et les discours qu'il tenait. Finalement il partit pour Cyrène, vécut avec Magas et continua à recevoir de grands honneurs. Quand, au début, il fut chassé de là, il eut, dit-on, un mot plaisant. Il dit en effet : « Vous agissez comme il convient, gens de Cyrène, en m'exilant de la Libye vers la Grèce. »

DIOGÈNE LAËRCE, II, 100 à 102.

Lorsque, dit-on, Théodore, surnommé l'Athée, eut été banni d'Athènes et se fut réfugié auprès de Lysimaque, un dignitaire lui reprocha sa fuite, dont il rappelait en même temps les causes, à savoir qu'il avait été chassé après une condamnation pour athéisme et corruption de la jeunesse. « J'ai été chassé, répondit Théodore, mais à la manière du fils de Zeus, Héraclès. Lui aussi, les Argonautes l'ont jeté par-dessus bord, non pour quelque faute, mais parce qu'à lui seul il faisait le poids total que jaugeait le navire. Il le surchargeait et ses compagnons conçurent la crainte que le bâtiment n'embarquât l'eau. Eh bien moi, j'ai dû émigrer pour un motif comparable : les gouvernants d'Athènes étaient incapables de soutenir l'allure de mon esprit puissant et élevé ; et, de plus, j'ai été en butte à l'envie. » Comme Lysimaque lui demandait alors : « C'est donc par jalousie que tu as été chassé de ta patrie ? », il dit à nouveau : « Par jalousie ? Non, mais parce que ma patrie n'était pas à l'échelle de la supériorité de ma nature. Tout comme l'histoire de Sémélé : enceinte de Dionysos, elle fut incapable de le porter à terme et Zeus, tourmenté d'inquiétude, dut retirer prématurément le fœtus qu'elle avait en son sein et accorda à l'enfant le rang des dieux célestes. Ainsi en est-il de moi : ma patrie était trop petite pour contenir l'immense volume de la pensée philosophique ; je ne sais quel démon ou quel dieu résolut donc de m'en faire sortir et de m'établir en un lieu que le sort aurait mieux traité qu'Athènes. »

PHILON D'ALEXANDRIE, *Quod omnis probus liber sit*, 28, 127 à 130, p. 231-233.

Je m'étonne de voir comment on a traité d'athées Évhémère d'Agrigente, Nicanor de Chypre, Diagoras et Hippon de Mélos, et avec eux ce fameux Cyrénéen, Théodore, et beaucoup d'autres, pour avoir mené une vie sage et avoir aperçu, avec plus de pénétration que le reste des hommes, les erreurs concernant ces dieux. S'ils n'ont pas conçu la vérité elle-même, du moins ont-ils soupçonné l'erreur : c'est là un germe destiné à grandir, qui pour chercher la vérité vivifie l'ardeur de la pensée.

CLÉMENT D'ALEXANDRIE, *Protreptique*, II, 24, 2, p. 79.

Théodore l'Athée devient célèbre.

EUSÈBE DE CÉSARÉE, *Préparation évangélique*, éd. Helm, Ol. CXVII.

Théodore, surnommé l'Athée, ancien disciple de Zénon de Citium, fut aussi le disciple de Bryson ainsi que de Pyrrhon le Sceptique. Il enseignait l'indifférence et, tout en transmettant cette doctrine, se trouva à la tête d'une école qu'on appela « théodorique ». Il écrivit beaucoup d'ouvrages adressés à ses disciples, ainsi que d'autres choses. C'est lui qui avait dit de Hipparchia, la femme de Cratès : « Voilà une femme qui, "laissant et navette et métier", a pris le manteau de philosophe. »

SUIDAS, éd. Adler.

Théodore aussi, surnommé l'Athée, fut disciple de Bryson. Il enseignait l'indifférence et, tout en transmettant cette doctrine, se trouva à la tête d'une école qu'on appela « théodoréenne ».

SUIDAS, *De Socrate*, éd. Adler.

Hipparchia voulait écouter les discours de Cratès sans être dérangée par aucune autre préoccupation. Lors d'un banquet où elle s'était rendue avec Cratès, elle mit à rude épreuve Théodore l'Athée en lui présentant le sophisme suivant : « Si un acte commis par Théodore ne peut être qualifié d'injuste, alors l'acte commis par Hipparchia ne pourra être qualifié d'injuste. Si Théodore se frappe lui-même, il ne commet pas d'injustice. Par conséquent, Hipparchia, si elle frappe Théodore, n'en commet point non plus. » Celui-ci ne répondit rien à l'argument, mais il mit à nu sa petite chose.

SUIDAS, éd. Adler.

Hipparchia, sœur de Métroclès, le philosophe cynique de Maronée, épouse de Cratès, le cynique originaire d'Athènes, disciple de Bryson et de Diogène, selon d'autres. Il a écrit les *Hypothèses philosophiques* ainsi que quelques *Argumentations* et *Thèses* contre Théodore surnommé l'Athée. Sa période de gloire fut aux alentours de la 111$^{e}$ olympiade.

SUIDAS, éd. Adler.

On raconte que Phocion n'était pas un homme vertueux. Il aimait une prostituée qui vivait auprès d'un lupanar. Une fois, en écoutant par hasard un discours prononcé par Théodore l'Athée au Lycée, où celui-ci disait : « S'il n'est pas honteux de libérer un ami, alors il n'est pas honteux non plus de libérer aussi une amie », il fit sien ce discours et « libéra sa compagne ».

PLUTARQUE, *Phocion*, 38, 3, éd. Ziegler.

De Théodore. Comme le roi Lysimaque lui lançait des menaces de mort, Théodore le Cyrénaïque répondit : « Je croyais que tu avais le pouvoir d'un roi, non pas celui de la ciguë. »

STOBÉE, *Florilège*, III 2, 32, éd. Wachsmuth-Hense.

Après avoir examiné les convictions de ce philosophe, il faut avancer et analyser les *questions,* selon son propre mot, de Théodore le Cyrénaïque sur le même sujet, et avant tout celles qu'il met lui-même en première position...

PHILODÈME, *De la rhétorique*, II, fr. IX, éd. Sudhaus.

Théodore, surnommé l'Athée, disait que toute parole sur Dieu n'est que radotage. Il croyait que Dieu n'existe pas et poussait tout le monde à voler, à faire de faux serments, à piller, à ne pas mourir pour la patrie. En effet, il affirmait qu'il n'y a qu'une seule patrie, le cosmos, et n'appelait « bon » que celui qui était heureux. En outre il exhortait à éviter les gens malheureux, fussent-ils des sages, et à préférer les riches, fussent-ils insensés et odieux.

ÉPIPHANE, *Contre les hérésies*, III, 2, 9, éd. Diels.

Maintenant nous allons dire de la divinité tout ce que jusqu'ici nous avons laissé de côté. Pour commencer, nous nous trouvons devant ces philosophes qui ignorent les dieux, comme par exemple Diagoras de Mélos, Théodore le Cyrénaïque, Évhémère de Tégée. Ils ont osé affirmer que les dieux n'existent pas.

[GALEN.], *Histoire philosophique*, 35, éd. Diels.

C'est pourquoi, puisqu'il existe un ferme consensus de toutes les nations concernant les dieux immortels, bien que leur nature ou leur origine soient incertaines, je ne tolère pas que quelqu'un, enflé d'une si grande audace et de je ne sais quelle philosophie impie, ose détruire ou infirmer une pareille religion, tellement vénérable, utile et salutaire. Qu'ils s'appellent Théodore de Cyrène ou, avant lui, Diagoras de Mélos, surnommé jadis « l'Athée », l'un et l'autre, en niant l'existence des dieux, détruisent complètement la vénération, la crainte qui dirige l'humanité. Mais ils ne feront jamais autorité dans cette école d'impiété, au nom et avec l'autorité d'une prétendue philosophie.

MINUCIUS FELIX, *Octavius*, 8, 1, éd. Waltzing.

Et qui plus est, nous pouvons montrer que tous ceux qu'on nous indique comme étant des dieux, et qui sont appelés ainsi, ont été des hommes, en nous référant soit à Évhémère d'Agrigente, dont Ennius a traduit les opuscules en langue italique, pour que tout le monde puisse les comprendre, soit à Nicanor de Chypre ou à Léon de Pella, soit à Théodore de Cyrène, ou à Hippon et à Diagoras de Mélos, soit à l'autorité de mille autres, qui, par un souci scrupuleux d'exactitude, ont ressorti à la lumière, avec une franchise d'hommes libres, ces choses cachées.

ARNOBE, *Contre les païens*, IV, 29, éd. Marchesi.

Avec ceux-ci s'accordent aussi Théodore l'Athée et, selon d'autres, Protagoras d'Abdère, le premier pour avoir habilement détruit par son traité *Sur les dieux* toute la théologie des Grecs [...].

SEXTUS EMPIRICUS, *Contre les mathématiciens*, IX, 55, éd. Mutschmann.

Théodore le Cyrénaïque disait que le sage n'a aucune raison de quitter la vie. Et ensuite il demandait : « Mépriser les malheurs humains et être poussé par cela à quitter sa vie n'est-il pas identique à la position de celui qui confond le bien avec le beau et le mal avec le laid ? »

STOBÉE, *Florilège*, IV, 52, 16, éd. Wachsmuth-Hense.

Le maître flatteur du roi Attalos fut Lysimaque, que Callimaque range parmi les disciples de Théodore, et Hermippe parmi ceux de Théophraste.

ATHÉNÉE, VI, 252 c, éd. Kaibel.

Il faut donc que la raison et la philosophie nous servent de guides pour nous initier aux mystères, afin de n'avoir que des pensées pieuses sur les discours qu'on y entend et sur les cérémonies qu'on y voit pratiquer. Théodore disait que la plupart de ses auditeurs prenaient à gauche les leçons qu'il lcur donnait à droite. Nous de même, si nous prenons en sens contraire ce que les lois ont sagement établi par rapport aux sacrifices et aux fêtes religieuses, nous tomberons dans des erreurs grossières.

PLUTARQUE, *Traité d'Isis et d'Osiris*, p. 384.

Théodore, surnommé l'Athée, disait que ses auditeurs recevaient de la main gauche les discours qu'il leur présentait de la droite.

PLUTARQUE, *De la tranquillité de l'âme*, p. 417.

Les philosophes même qui ont eu le surnom d'athées, tels que les Théodore, les Diagoras, les Hippon, n'ont pas osé dire que Dieu fût corruptible ; ils ont seulement dit qu'il n'existait pas un être incorruptible ; et s'ils niaient l'incorruptibilité, du moins ils laissaient subsister l'idée qu'on avait de la Divinité.

PLUTARQUE, *Des notions communes contre les Stoïciens*, p. 147.

Quelques philosophes, tels que Diagoras de Mélos, Théodore de Cyrène et Évhémère de Tégée, ont soutenu ouvertement qu'il n'y avait point de dieux.

PLUTARQUE, *Les Opinions des philosophes*, I, VII, p. 278.

Peut-on dire que Théodore avait perdu cette liberté, quand on sait la réponse qu'il fit au roi Lysimaque, qui lui disait qu'on l'avait banni de sa patrie à cause de son mauvais caractère ? « Oui, prince, elle n'a pu soutenir mon éclat, non plus que Sémélé celui de Jupiter. » Le prince alors lui montra Télesphorus enfermé dans une cage de fer, les yeux arrachés, le nez, les oreilles et la langue coupés, et il lui dit : « Voilà comment je traite ceux qui m'insultent. »

PLUTARQUE, *De l'exil*, p. 149.

(...) et, sentant que le génie des Pythagoriciens se fortifiait par d'autres sciences, il (Platon) alla à Cyrène près de Théodore pour apprendre la géométrie.

APULÉE, *De la doctrine de Platon*, p. 150.

Vous en avez un exemple dans la question présente. Car le sentiment commun, qui a beaucoup de vraisemblance, et que la nature nous inspire à tous, reconnaît l'existence des dieux. Protagor[as] l'a regardée comme douteuse. Diagor[as] de Mélos et Théodore de Cyrène l'ont niée sans restriction.

CICÉRON, *De la nature des dieux*, I, p. 79-80.

Et Diagor[as], qu'on a nommé *l'Athée*, n'a-t-il pas nié ouvertement l'existence des dieux ? Théodore ne l'a-t-il pas niée ?

CICÉRON, *De la nature des dieux*, I, XXIII, p. 93.

Vous tirez vanité d'avoir foulé aux pieds la superstition : mais rien de si facile à qui voudra, comme vous, anéantir la divinité. Car vous figurez-vous que les athées Diagor[as] et Théodore aient pu être superstitieux ? Je n'en soupçonne pas même Protagor[as], qui ne faisait que douter s'il y avait des dieux, ou non. Ces philosophes étouffaient, non seulement la superstition, qui inspire une crainte des dieux vaine et ridicule ; mais encore la religion, qui a pour fin de les honorer pieusement.

CICÉRON, *De la nature des dieux*, I, XLII, p. 106.

Ariston de Chio disait souvent que les philosophes nuisaient à ceux de leurs disciples qui prenaient dans un mauvais sens leur bonne doctrine : que les leçons d'Aristippe faisaient des sensuels, celles de Zénon des farouches. Si cela est vrai, les philosophes auraient certainement mieux fait de se taire, que d'ouvrir des écoles d'où l'on sortait avec de mauvais principes, faute d'avoir bien pris la pensée des maîtres.

CICÉRON, *De la nature des dieux*, III, XXXI, p. 164.

Selon la plupart, les dieux existent, pour quelques-uns, ils n'existent pas, par exemple Diagoras de Mélos, Théodore, Critias d'Athènes.

SEXTUS EMPIRICUS, *Les Esquisses pyrrhoniennes*, III, XXIV, p. 327.

Phocion devint amoureux d'une jeune garce qui nourrissait un maquereau, et se trouvant d'aventure un jour dans l'école du lycée, il ouït faire un tel discours et un tel argument à Théodore, celui qui fut surnommé l'Athéiste, c'est-à-dire mécréant, qui niait qu'il y eût des dieux : « Si ce n'est point de honte de délivrer de servitude un sien ami, aussi n'est-ce point de honte une sienne amie, et si ce n'est point mal fait de tirer de captivité un sien compagnon, aussi peu est-ce mal fait d'en tirer une sienne compagne. » Ce jeune, accommodant cet argument à sa passion et faisant son compte que c'était chose qu'il pouvait faire avec raison, tira des mains de ce maquignon la jeune garce dont il était amoureux.

PLUTARQUE, *Vie de Phocion*, LII, *Vies des hommes illustres*, t. II, p. 526.

Car il y a un port à notre portée, puisque, là où il y a la mort, il y a un refuge qui nous garantit une insensibilité éternelle. Théodore dit à Lysimaque qui le menaçait violemment de mort : « Beau chef-d'œuvre vraiment d'égaler en force une cantharide ! »

CICÉRON, *Tusculanes,* V.

Comme Théodore le Cyrénaïque avait parlé avec une grande liberté au roi Lysimaque et comme celui-ci l'avait menacé de le tuer, il lui dit : « Tu n'as pas honte, ô Lysimaque, qui es un si grand roi, de traiter les justes, que tu ne peux confondre, comme si tu n'étais qu'une cantharide ? »

*Gnomologie vaticane*, 743, n. 352, éd. Sternbach.

Ces deux femmes auraient pu s'unir, par les liens d'une généreuse hardiesse, avec Théodore de Cyrène, qui eut le même courage, mais un sort moins heureux. Le roi Lysimaque le menaçait de la mort : « Le rare bonheur dont tu jouis là, lui répondit-il, d'avoir la vertu d'une cantharide ! » Irrité de ce propos, le roi commanda de le mettre en croix. « Cela, dit Théodore, peut faire peur à tes courtisans ; mais moi, peu m'importe de pourrir dans la terre ou en l'air. »

VALÈRE MAXIME, *Du fait et des paroles mémorables*, V, II, (3), p. 709.

Et qu'importe à Théodore de pourrir en l'air ou dans la terre ?

PLUTARQUE, *Si le vice suffit pour rendre malheureux*, p. 490.

Mais quoi ! refuserons-nous notre admiration à un Cyrénéen, à Théodore, philosophe assez réputé ? Le roi Lysimaque le menaçait de la croix : « Je t'en prie, dit-il, adresse-toi à ces gens-ci, tes courtisans, avec tes instruments de torture ; pour ce qui est de Théodore, il lui est indifférent de pourrir dans la terre ou en l'air. »

CICÉRON, *Tusculanes*, I, XLIII, tome III.

Un tyran menaçait de la mort le philosophe Théodore, et d'une mort sans sépulture. « Tu as, dit-il, de quoi te satisfaire ; j'ai une pinte de sang à ton service : quant à la sépulture, quelle ineptie de penser que je m'inquiète de pourrir sur la terre ou dessous ? »

SÉNÈQUE, *De la tranquillité de l'âme*, p. 324.

À juste titre beaucoup de cités et surtout celle des Lacédémoniens, comme Caméléon l'affirme dans son *Sur Simonide*, ont refusé d'accueillir à la fois la philosophie et la rhétorique à cause de vos intentions ambitieuses, à cause de vos querelles et de vos confrontations inopportunes. Telles sont les raisons pour lesquelles Socrate fut condamné à mort, après avoir parlé de la justice devant les juges tirés au sort parmi les gens les plus malhonnêtes. Telles sont aussi les raisons de la mort de Théodore l'Athée, du bannissement de Diagoras et de l'exil de Protagoras.

ATHÉNÉE, XIII, 611 a, éd. Kaibel.

Sur les philosophes : Les uns ont laissé des traités, d'autres n'ont absolument rien écrit, par exemple, selon certains, Socrate, Stilpon, Philippe, Ménèdème, Pyrrhon, Théodore, Carnéade, Bryson.

DIOGÈNE LAËRCE, I, 16.

Il y eut vingt Théodore. Le premier était un Samien, fils de Rhoecos ; c'est lui qui avait conseillé de mettre du charbon sous les fondations du temple d'Éphèse. Le lieu étant en effet très humide, une fois que le charbon aurait, disait-il, perdu sa partie ligneuse, sa partie dure elle-même ne serait pas affectée par l'eau. Le deuxième, de Cyrène, était un géomètre, dont Platon fut le disciple. Le troisième est le philosophe dont j'ai parlé plus haut. Le quatrième est celui dont on cite un très beau livre sur l'art d'exercer sa voix. Le cinquième est celui qui rédigea un ouvrage sur les compositeurs de musique, en commençant par Terpandre. Le sixième est un stoïcien. Le septième est celui qui composa l'ouvrage sur les Romains. Le huitième est un Syracusain qui écrivit sur la tactique militaire. Le neuvième, de Byzance, était spécialiste de discours politiques. Il en est de même du dixième qu'Aristote mentionne dans son abrégé des orateurs. Le onzième était un sculpteur de Thèbes ; le douzième un peintre cité par Polémon ; le treizième un peintre, un Athénien sur qui écrit Ménodote ; le quatorzième un peintre d'Éphèse cité par Théophanès dans son ouvrage *Sur la peinture* ; le quinzième un poète auteur d'épigrammes ; le seizième écrivit sur les poètes ; le dix-septième était un médecin, disciple d'Athénée ; le dix-huitième, de Chios, était un philosophe stoïcien ; le dix-neuvième, de Milet, un philosophe stoïcien lui aussi ; le vingtième un poète auteur de tragédies.

DIOGÈNE LAËRCE, II, 103-104.

*G. Les Théodoriens*

Ceux qu'on a appelés Théodoréens ont tiré leur nom du Théodore mentionné plus haut et ils ont adopté ses doctrines. Théodore rejetait complètement les croyances en des dieux. Nous sommes tombé par hasard sur un ouvrage de lui intitulé *Sur les dieux*, qui ne prête pas au mépris. C'est à ce livre, dit-on, qu'Épicure emprunta la plupart des choses qu'il a dites.

Théodore écouta et les leçons d'Annicéris et celles de Denys le Dialecticien, comme le dit Antisthène dans ses *Successions de philosophes*. Il posait comme fins joie et chagrin, l'une dépendant de la sagesse pratique, l'autre de la démence ; comme biens sagesse pratique et justice, comme maux les attitudes contraires, et comme états intermédiaires plaisir et souffrance.

Mais il rejetait lui aussi l'amitié parce qu'elle n'existe ni chez les insensés ni chez les sages. Pour les premiers en effet, une fois éliminé l'avantage qu'on en tire, l'amitié elle aussi disparaît ; quant aux sages, puisqu'ils se suffisent à eux-mêmes, ils n'ont pas besoin d'amis.

Il disait également qu'il est raisonnable que l'homme vertueux ne risque pas sa vie pour sa patrie, car il ne faut pas perdre sa sagesse pour être utile aux insensés.

Il disait que le monde était sa patrie.

Il volerait, commettrait l'adultère, pillerait les temples si l'occasion l'exigeait, car aucun de ces actes n'est honteux par nature, une fois enlevée l'opinion qui s'y rattache, et qui n'est là que pour retenir les insensés.

Aux yeux de tous, sans gêne aucune, le sage aura des relations sexuelles avec ceux qu'il aime. C'est pourquoi il formulait des raisonnements par interrogation du genre : « Une femme instruite en grammaire pourrait-elle être utile pour autant qu'elle est instruite en grammaire ? – Oui. – Un garçon ou un jeune homme [instruit en grammaire] pourrait-il être utile pour autant qu'il est instruit en grammaire ? – Oui. – Donc une femme belle pourrait également être utile pour autant qu'elle est belle ? De même un garçon ou un jeune homme beau pourrait être utile pour autant qu'il est beau ? – Oui. – Donc un garçon ou un jeune homme beau pourrait être utile pour ce pour quoi il est beau ? – Oui. – Or il est utile pour faire l'amour ? » Une fois cela admis, il poursuivait le raisonnement : « En conséquence, si quelqu'un fait l'amour, pour autant que cela est utile, il ne commet pas de faute ; donc il n'en commettra pas non plus s'il se sert de la beauté pour autant qu'elle est utile. »

C'est avec des raisonnements par interrogation de ce type qu'il donnait de la force à son discours.

DIOGÈNE LAËRCE, II, 97 à 99.

Sur Bion de Borysthène : Au début, il avait suivi les doctrines de l'Académie, au temps où il était l'auditeur de Cratès ; ensuite, il choisit le mode de vie cynique et prit le manteau et la besace. Quel autre motif en effet aurait-il fallu pour qu'il se convertisse à l'insensibilité ? Il passa ensuite aux théories de Théodore, après avoir écouté les leçons de Théodore l'Athée, qui était habile dans tous les types de discours. Après lui, il écouta le péripatéticien Théophraste. (...) Dans la conversation, il tenait souvent des propos assez irrespectueux envers les dieux, suivant en cela l'exemple de Théodore.

DIOGÈNE LAËRCE, IV, 51, 52, 54.

Sur Diogène : À Lysias l'apothicaire qui lui demandait s'il croyait à l'existence des dieux, il répondit : « Comment n'y croirais-je pas, dès lors que je vois en toi un ennemi des dieux ? » D'autres attribuent le trait à Théodore.

DIOGÈNE LAËRCE, VI, 42.

Sur Hipparchia : Elle confondit Théodore surnommé l'Athée, après lui avoir proposé le sophisme suivant : « L'acte qui, commis par

Théodore, ne peut être qualifié d'injuste, cet acte, commis par Hipparchia, ne pourra être qualifié d'injuste. Or, si Théodore se frappe lui-même, il ne commet pas d'acte injuste. Par conséquent, Hipparchia, si elle frappe Théodore, n'en commet point non plus. » Théodore ne trouva rien à répondre à l'argument, mais il lui enleva son manteau. Hipparchia cependant n'en fut ni frappée ni troublée, comme eût dû l'être une femme. Bien plus, quand Théodore lui dit :

« Est-ce bien celle
qui sur le métier a laissé sa navette ? »

elle répondit : « C'est bien moi, Théodore, mais ai-je pris à tes yeux une mauvaise décision me concernant, si le temps que j'aurais dû perdre sur le métier je l'ai consacré à mon éducation ? » Voilà les histoires qu'on raconte sur cette femme philosophe et il y en aurait d'autres à l'infini !

DIOGÈNE LAËRCE, VI, 97-98.

*H. Épicure*

Quand donc nous disons que le plaisir est la fin, nous ne parlons pas des plaisirs des gens dissolus et de ceux qui résident dans la jouissance, comme le croient certains qui ignorent la doctrine, ou ne lui donnent pas leur accord ou l'interprètent mal, mais du fait, pour le corps, de ne pas souffrir, pour l'âme, de n'être pas troublée. Car ni les beuveries et les festins continuels, ni la jouissance des garçons et des femmes, ni celle des poissons et de tous les autres mets que porte une table somptueuse, n'engendrent la vie heureuse, mais le raisonnement sobre, cherchant les causes de tout choix et de tout refus, et chassant les opinions par lesquelles le trouble le plus grand s'empare des âmes.

ÉPICURE, *Lettre à Ménécée*, p. 223-225.

Les uns veulent que la fin soit le plaisir ; leur chef est Aristippe, auditeur de Socrate ; de lui viennent les Cyrénaïques. Puis vient Épicure dont la doctrine, maintenant fort connue, ne s'accorde pas pourtant avec celle des Cyrénaïques au sujet du plaisir lui-même.

CICÉRON, *Premiers Académiques*, II, (131), p. 248-249.

Sur Épicure : Il a présenté comme lui étant propres la doctrine de Démocrite sur les atomes, et celle d'Aristippe sur le plaisir.

DIOGÈNE LAËRCE, X, 40.

Il se différencie des Cyrénaïques sur le plaisir ; ces derniers en effet ne retiennent pas le plaisir stable, mais seulement le plaisir en mouvement. Lui au contraire retient les deux, pour l'âme et pour le corps, comme il l'explique dans le traité *Sur le choix et le refus*, dans celui *Sur la fin*, et dans le livre I du traité *Sur les modes de vie*, et dans la *Lettre aux amis de Mytilène*. De même, Diogène dans le dix-septième livre des *Leçons choisies* aussi bien que Métrodore dans son *Timocrate* parlent ainsi : « Car le plaisir est pensé comme plaisir selon le mouvement et comme plaisir stable. » Épicure, dans le traité *Sur les choix*, s'exprime ainsi : « L'absence de trouble et l'absence de peine sont des plaisirs stables, mais la joie et la gaieté sont perçues en acte, dans un mouvement. »

Voici encore contre les Cyrénaïques : selon ces derniers, les douleurs du corps sont pires que celles de l'âme – en tout cas c'est dans leur corps que les coupables subissent le châtiment – ; mais Épicure dit que les pires douleurs sont celles de l'âme. En tout cas, la chair n'est agitée que par le présent, tandis que l'âme est agitée par le passé, le présent et le futur. De la même façon, les plus grands plaisirs sont ceux de l'âme.

Et l'argument dont il se sert pour démontrer que le plaisir est la fin, c'est que les animaux, dès leur naissance, se complaisent au plaisir, et s'emportent contre la douleur, par nature et sans raisonnement. Donc, dès que nous l'éprouvons, nous fuyons la douleur ; au point que même Héraclès, dévoré par sa tunique, la fuit dans un cri,

« mordant et hurlant ; autour gémissaient les pierres
et les pics des montagnes de Locres, et les sommets de l'Eubée ».

C'est en vue du plaisir que l'on choisit aussi les vertus, et non pour elles-mêmes, tout comme on choisit la médecine en vue de la santé, ainsi que le dit dans le vingtième livre des *Leçons choisies* Diogène, qui qualifie même la conduite de sa vie de « conduite orientée ». Quant à Épicure, il dit que la seule vertu ne peut pas même être séparée du plaisir, alors que le reste peut l'être, comme la nourriture.

DIOGÈNE LAËRCE, X, 136 à 138.

*I. Les Épicuriens*

Parce qu'Aristippe est à l'origine de l'école d'Épicure.

PORPHYRION, *Commentaires sur les Épîtres d'Horace*, I, 1, 18, éd. Holder.

Aristippe de Cyrène était un épicurien qui affirmait que le plaisir était le souverain bien. C'est pour cette raison qu'il dit « à la dérobée », car de temps à autre, après avoir été gardien de la vertu véritable, il se laissait vaincre par le plaisir.

PS. ACRON., *Schol. in Horat. epist.*, I, 1, 18, éd. Keller.

« Tantôt je me fais homme d'action. » Horace avoue qu'il se meut entre deux écoles : celle des Stoïciens et celle des Épicuriens. C'est pourquoi il dit que certaines fois, il se plonge dans les flots agités de la politique, car les Stoïciens apprécient la participation à l'administration de l'État, la vertu de l'âme et une vie droite. Mais, d'autres fois, quand il prend soin de son corps, il se laisse retomber dans les principes d'Aristippe.

*Scholia in Horat. epist.*, I, 1, 16 [codd. l, f, y], éd. Botschuyver.

Voyez combien les Cyrénaïques, quoique abreuvés à la même source qu'Épicure, sont cependant plus modestes. Ils ne veulent pas que les hommes se livrent pendant le jour à certains plaisirs, et ils prescrivent de les couvrir des ombres de la nuit, de peur que la vue, en imprimant dans l'âme des images très vives, n'en excite trop souvent le désir.

PLUTARQUE, *On ne peut vivre en suivant la doctrine d'Épicure*, p. 182.

Ainsi donc Épicure, avec les Cyrénaïques, affirme que le premier bien propre (à l'homme), c'est la volupté ; car, disent-ils, étant venue à cause de la volupté, la vertu a engendré la volupté.

CLÉMENT D'ALEXANDRIE, *Stromates*, II, XXI, 128, 1, p. 129.

Non seulement Aristippe et ses disciples recherchaient le plaisir dans le mouvement, mais aussi Épicure et ses disciples.

ATHÉNÉE, XII, 54, 6e éd. Kaibel.

## 2. *Les imitateurs*

### *A. Les lettres socratiques*

Aristippe à Antisthène

Antisthène, je suis très malheureux ! Et comment ne le serais-je pas, du moment que jour après jour je bois, je mange, je suis oint de parfums et je m'engouffre dans de larges vêtements de Tarente auprès d'un tyran ! Personne ne pourra m'arracher à la cruauté de Denys, qui me garde comme un gage non pas ignorant, mais rempli soigneusement de discours socratiques. Comme je te le disais, il me donne tout le temps à manger, m'asperge de tous les parfums et m'habille de toute sorte de vêtements. Un être qui m'oblige à des choses pareilles n'a ni peur des dieux ni respect pour les hommes. À présent mon mal a beaucoup empiré, parce qu'il vient de m'offrir trois femmes siciliennes d'une beauté exquise ainsi qu'une grande somme d'argent. Quand est-ce qu'il va mettre fin à ces choses, je n'en sais rien. Tu fais bien de souffrir pour les malheurs des autres. Quant à moi, je me réjouis de ton bonheur, pour donner l'impression de faire les mêmes choses que toi et te rendre ainsi la joie. Porte-toi bien ! Ramasse des figues sèches pour l'hiver et fais de bonnes provisions de farine de Crète. Cela vaut plus que toutes les richesses. Lave-toi et assouvis ta soif dans les eaux d'Ennéacrounos, habille-toi pendant tout l'hiver et tout l'été du même manteau sale et usé, tel qu'il convient à un homme libre qui vit dans la démocratie athénienne. Quant à moi, dès le moment où j'ai mis le pied dans cette cité et sur cette île dont le maître est un tyran, j'ai su que j'allais être malheureux, comme d'ailleurs tu me l'avais écrit. Ils me regardent tous avec pitié et compassion : les Syracusains et les habitants d'Agrigente qui viennent ici, les habitant de Géla et les autres Siciliens. Pour cette folie, celle d'être venu jusqu'ici en inconscient, je m'en veux et je mérite de me maudire moi-même ; que ces maux ne me quittent jamais, car j'avais déjà un certain âge et je passais pour être un homme raisonnable et sage, qui n'a jamais cherché la faim et le froid à tout prix, ni le déshonneur, et qui n'a jamais eu une barbe longue et hirsute. Je t'envoie de grands lupins blancs, pour que tu les manges après avoir parlé aux jeunes d'Héraclès. On m'a dit d'ailleurs que tu parles et que tu écris sur des sujets pareils sans en éprouver de la honte. Mais parler de lupins à Denys, cela serait non seulement honteux mais contraire aux lois mêmes de la tyrannie.

Pour le reste, rends-toi chez le cordonnier Simon et discute avec lui, car je sais que selon toi il n'y a pas et il n'y aura jamais un homme plus sage que lui. À moi il m'est interdit de fréquenter les artisans, car je suis au pouvoir d'un autre.

*Lettres socratiques*, IX, éd. Köhler.

Aristippe à Eschine

Les jeunes de Locres, sur lesquels tu m'avais écrit, seront mis en liberté et ne seront pas tués. Ils ne payeront aucune amende, étant donné qu'ils sont arrivés jusqu'au seuil de la mort. Mais ne dis pas à Antisthène que je les ai sauvés, car il n'aime pas qu'on se serve des tyrans comme des amis, mais il veut qu'on ne fréquente que les marchands de farine et les aubergistes d'Athènes, qui vendent honnêtement leur vin et leur farine, les brocanteurs qui louent de grosses tuniques lorsque le vent scironien commence à souffler, et qu'on respecte [le cordonnier] Simon. Tout cela est loin de la richesse.

*Lettres socratiques*, XI, éd. Köhler.

Aristippe à Simon

Ce n'est pas moi qui me moque de toi mais Phédon, lorsqu'il dit que tu es meilleur et plus sage que Prodicos de Céos, dont tu avais réfuté une fois le discours consacré à Héraclès. Je suis vraiment stupéfait et je te félicite, car, bien que tu ne sois qu'un simple cordonnier, plein de sagesse, il est vrai, tu attires dans ton atelier Socrate et beaucoup de jeunes gens, beaux et nobles, tels qu'Alcibiade, le fils de Clinias, Phédon de Myrrinousios, Euthydème, le fils de Glaucon, ainsi que des personnes qui s'occupent des affaires de l'État, comme par exemple Épicrate, Euryptolème et encore d'autres. Même Périclès, le fils de Xanthippos, s'il n'avait pas eu le commandement des troupes et s'il n'y avait pas eu de guerre, je suis convaincu qu'il aurait été auprès de toi. Maintenant je te connais. Antisthène fréquente ton atelier. Mais tu pourrais philosopher aussi à Syracuse. Je t'assure qu'ici les cuirs et les chaussures ont du prix. Tu ne le sais pas, mais chaque fois que je mets mes chaussures je suscite une grande admiration pour ton métier. Tandis qu'Antisthène, qui marche pieds nus, que fait-il d'autre que de t'attirer vers la paresse et vers la pauvreté, en essayant de convaincre les jeunes et tous les Athéniens de prendre cette coutume ? Vois donc combien je suis ton ami, moi, qui, pour ma part, approuve la commodité et le plaisir ! Tu consens à interroger Prodicos avec beaucoup d'esprit, mais pour le reste tu ne connais pas ton affaire. [Car si tu la connaissais] tu m'aurais admiré, moi, et tu te serais moqué de ces individus à la barbe touffue et aux bâtons, de ces petits fanfarons sales et pouilleux, aux ongles immenses, comme des bêtes, et qui proposent des préceptes contre ton métier.

D'Aristippe

Nous venons d'apprendre, Cléombrote et moi, les circonstances de la mort de Socrate, comment les Onze ne lui permettant pas de s'enfuir, il resta dans la prison en disant qu'il n'aurait pas pensé à s'évader si auparavant on ne l'avait pas sauvé par les lois. Autrement, s'il avait agi selon ses idées, il aurait trahi sa patrie. Moi je croyais que, comme il était injustement arrêté, on allait le sauver d'une manière ou d'une autre. En outre, je considère que tout ce qu'il a accompli, même les choses mauvaises ou insensées, a été juste, de sorte que désormais personne ne saura plus être accusé pour une telle démesure. Tu m'as écrit comment vous, les amis de Socrate, vous avez tous quitté Athènes de peur qu'il ne vous arrive quelque chose. Et vous avez très bien fait. Pour le moment nous resterons à Égine, puis nous vous rejoindrons. Et si nous trouvons quelque chose de plus intéressant à faire nous le ferons.

*Lettres socratiques*, XIII, éd. Köhler.

Aristippe à sa fille Arétè,

J'ai reçu toutes les lettres que tu m'as envoyées sans répit et dans lesquelles tu me demandes de retourner le plus tôt possible à Cyrène en me disant que les intendants ne t'obéissent pas et que ton mari n'est pas capable d'administrer le domaine, car il a honte de s'en mêler, habitué qu'il est à se tenir loin du tumulte politique. J'ai essayé donc d'obtenir la permission de la part de Denys de naviguer vers toi, mais une maladie m'empêche de quitter les îles Lipari. À cette occasion je me suis rendu compte combien Sonicos et les siens sont proches de moi et avec quel dévouement ils me soignent. Oh, si l'amitié suffisait pour rester en vie ! Quant à ce que tu m'as demandé, c'est-à-dire si tu serais respectée par ceux que j'avais libérés et qui déclaraient qu'ils n'abandonneraient jamais Aristippe tant qu'il serait en leur pouvoir de nous rendre contents toi et moi, fais-leur pleinement confiance ! C'est grâce à moi qu'à ce jour ils ne sont pas accablés de malheurs. Je te recommande de diriger la maison en accord avec les archontes [de la cité], pour qu'ainsi tu puisses tirer profit de mon conseil qui est de ne pas désirer trop de choses. De cette façon, tu passeras une vie très agréable et tu mépriseras le superflu. Et à vrai dire ces gens-là ne t'ont pas fait assez de mal pour te laisser dépourvue de tout. Il te reste encore deux jardins, dont les revenus te seront largement suffisants pour mener un train de vie même coûteux, ainsi que la propriété de Bérénice, qui ne te privera pas d'une existence magnifique. Je te conseille de ne pas mépriser les petites choses, mais de ne pas trop t'agiter pour elles non plus, car la colère n'a rien de beau même lorsqu'il s'agit de choses très importantes. Si tu veux accomplir ma dernière volonté, après que mon âme aura été déliée de mon corps, une fois l'éducation du jeune Aristippe terminée, retire-toi à Athènes, auprès de Xanthippe et de Myrto, qui m'avaient plusieurs fois demandé de t'y emmener pour te faire initier aux mystères. Mène donc une vie heureuse auprès d'elles et laisse les intendants de Cyrène te faire autant de mal qu'ils en auront envie (en fin de compte ils ne pourront pas toucher à tes droits naturels). Cherche à vivre en bonne amitié avec Xanthippe et Myrto, tel que j'ai moi-même vécu avec Socrate, en gagnant chaque jour encore un peu plus leur sympathie : chez elles il n'y a pas de place pour l'arrogance. Et si pas hasard Lamproclès, le fils de Socrate, que j'ai rencontré à Mégare, arrive à Cyrène, invite-le à vivre auprès de toi et respecte-le comme un fils. Et si tu n'as plus envie d'achever l'éducation de ta fille, à cause des ennuis provoqués par une telle entreprise, la fille d'Eubée, que tu avais traitée libéralement *[manque un passage]*. Mais avant tout, prends soin du petit Aristippe, qu'il soit digne de nous et de la philosophie. En effet, celle-ci est le seul vrai héritage que je lui laisse, vu que les circonstances de la vie et les archontes de Cyrène lui sont hostiles. D'ailleurs, tu ne m'as rien écrit au sujet de la philosophie, comme quoi quelqu'un pourrait te l'enlever. Réjouis-toi des richesses que tu possèdes et laisse-les ensuite à ton fils, que je considère comme mon propre fils. Puisque je meurs sans m'être trop réjoui de sa présence, j'espère que tu sauras le conduire sur le droit chemin, celui des hommes justes. Porte-toi bien et ne m'en veux pas !

*Lettres socratiques*, XXVII, éd. Köhler.

*B. Les lettres cyniques*

J'ai appris que tu me dénigrais dans tes cours et qu'en présence du tyran tu ne perdais pas une occasion d'insulter à ma pauvreté, parce qu'un jour tu m'as surpris à la fontaine, en train de laver la chicorée dont j'accompagnais mon pain. Pour ma part, je me demande, mon cher, comment tu peux reprocher leur pauvreté à ceux qui tiennent en estime les vraies valeurs, toi qui as été un auditeur de Socrate, l'homme qui portait le même *tribôn* hiver comme été et en toute saison, qui l'avait en commun avec les femmes, et qui tirait sa nourriture non pas du jardin ni du quartier des cuisiniers, mais des gymnases. Mais tu donnes l'impression d'avoir oublié tout cela en fréquentant les tables siciliennes. Je ne vais pas te rappeler de quel prix est la pauvreté, surtout à Athènes, et je ne vais pas me justifier sur ce point (car ce n'est pas à toi que je me réfère pour connaître mon bien, comme tu le fais, toi, en te référant aux autres : à cet égard, mon simple sentiment me suffit), mais je vais te rappeler une bonne fois ce que sont Denys et les heureux mortels de son entourage, qui font tes délices, lorsque mangeant et buvant dans des banquets somptueux (dont les dieux veuillent me préserver !), tu vois à chaque fois des hommes qu'on fouette ou qu'on empale ou qu'on emmène aux Latomies, que tu vois aussi enlevés les femmes des uns, les enfants des autres, et davantage encore d'esclaves pour subir les outrages non point d'un seul ni du tyran lui-même, mais de quantités d'ignobles individus, et que tu te vois enfin buvant sous la contrainte, restant là, essayant de partir et incapable de t'enfuir à cause de tes entraves dorées. Voilà ce que je te rappelle en échange de ces insultes. Moi qui sais nettoyer de la chicorée et qui ignore l'art de courtiser les portes de Denys, combien ma vie, je l'affirme, est préférable à celle que vous menez, vous les conseillers de Denys et les maîtres de la Sicile entière ! Mais malgré toutes tes déclarations impudentes contre moi, puisses-tu retrouver ton bon sens et puisse ta raison ne pas être en conflit avec les passions : en effet ce qu'on trouve chez Denys est beau, du moins de nom, mais la liberté qui régnait au temps de Cronos (...).

*Les Cyniques grecs. Lettres de Diogène et Cratès*, trad. Georges Rombi, Actes Sud, coll. « Babel », 1998.

## 3. *La critique*

### *A. Xénophon et comparses*

Xénophon avait de l'antipathie à l'égard d'Aristippe. C'est pourquoi le discours contre le plaisir qu'il mit dans la bouche de Socrate était dirigé contre Aristippe. Mais ce dernier a été maltraité aussi par Théodore dans son ouvrage *Sur les écoles philosophiques* et par Platon dans son ouvrage *Sur l'âme*, comme nous l'avons dit ailleurs.

DIOGÈNE LAËRCE, II, 65.

Aristippe vécut longtemps à Égine en s'abandonnant à la mollesse. C'est pourquoi Xénophon dit, dans ses *Mémorables*, que Socrate le réprimandait souvent et il inventa même l'éthopée de la Vertu et du Plaisir.

ATHÉNÉE, XII, 544 b, éd. Kaibel.

Comment donc, je vide le dépôt de blé de mes élèves ? Je verse du blé comme [on jette] des figues sur la tête des esclaves récemment achetés. Aristippe le Cyrénaïque, un Sophiste, n'a rien fait de cela, bien que le blé de Denys fût dix fois plus abondant [que celui des autres].

THÉMISTIUS, *Oraisons*, XXIII, 293 c, éd. Dindorf.

Ensuite, Aristippe accusé, entre autres, de prendre des bains naturels contre les plaisirs de l'amour (?), et Alexios, etc.

V.H. VIII, p. 77, papyr. 418, fr. 4.

Dans son traité de la Justice contre Aristote, il le blâme d'avoir dit que mettre la fin dernière de l'homme dans la volupté, c'est détruire la justice et avec elle toutes les autres vertus.

PLUTARQUE, *Des contradictions des Stoïciens*, p. 69.

Le mot « chien », dans toute l'étendue de son homonymie, répond à de nombreux concepts fort différents qu'il exprime également : le chien est à la fois l'animal terrestre qui aboie, le monstre marin, la constellation céleste que les poètes appellent aussi « de la récolte », parce que la récolte est déjà fort poussée quand cette constellation se lève pour la conduire à son accomplissement et à sa maturité complète ; ce mot désigne aussi le philosophe qui se rattache à l'école cynique, Aristippe, Diogène, et le grand nombre de ceux qui ont choisi le même ordre d'étude.

PHILON D'ALEXANDRIE, *De plantatione*, trad. Jean Pouilloux, éd. du Cerf, 1963. 10, 151, p. 93-95.

La vie (d'Aristippe) était en accord avec son enseignement. Il vécut dans la mollesse, au milieu de parfums, de vêtements et de femme.

ATHÉNÉE, XII, 544 b, éd. Kaibel.

Voulant le ridiculiser, Alexis, dans sa *Galatée*, fait raconter les choses suivantes sur l'un de ses disciples :

« Pendant son adolescence mon maître s'adonna
aux raisonnements et à la philosophie.
Il y avait alors un Cyrénaïque, dit-on,
Un sophiste de race noble,
Entre tous le meilleur, se distinguant
De tous les mortels par son intempérance.
Mon maître lui donna un talent et devint
Son disciple. Il n'apprit rien de l'art,
Mais il comprima bien son gosier. »

ATHÉNÉE, XII, 544 b, éd. Kaibel.

Sur Arcésilas : Grand amateur du luxe – il n'était en effet rien d'autre qu'un second Aristippe –, il fréquentait les banquets, ceux donnés par ses pairs et seulement ceux-ci. Il vivait au grand jour avec les courtisanes d'Élis Théodotè et Philè ; lorsqu'on le raillait (à ce propos) il citait les maximes d'Aristippe. Il aimait les jeunes gens et était ardent aux plaisirs. C'est pourquoi Ariston de Khios et ses disciples stoïciens lui en faisaient reproche, le traitant de corrupteur de la jeunesse, de professeur d'obscénité et de dévergondé.

DIOGÈNE LAËRCE, IV, 40.

*B. Lucien de Samosate*

SOCRATE. Quoi *sont devenues* les-choses à Athènes ?

MÉNIPPE. Beaucoup des jeunes-gens disent être-philosophes, et si quelqu'un eût considéré les habillements mêmes du moins et les façons-de-marcher *d'eux*, *ils sont* philosophes accomplis.

SOCRATE. J'*en* ai vu tout-à-fait de nombreux.

MÉNIPPE. Mais tu as vu, je pense, quel Aristippe vint vers toi, et Platon lui-même : celui-ci exhalant du parfum, celui-là ayant appris à courtiser les tyrans en Sicile.

LUCIEN, *Dialogues des morts*, p. 103.

Les disciples d'Aristippe et d'Épicure avaient la première place, car ils étaient plaisants, agréables et fort bons buveurs.

LUCIEN, *Histoire véritable*, p. 1371.

JUPITER. Appelles-en un autre, ce Cyrénéen, cet homme toujours vêtu de pourpre, et couronné de fleurs.

MERCURE. Ça, qu'on fasse attention : voici

quelque chose de magnifique ; mais il n'y a qu'un riche qui puisse l'acquérir. Voici la vie agréable, la félicité parfaite. Qui veut goûter la volupté ? Qui veut acheter ce délicat personnage ?

UN ACHETEUR. Approche un peu, mon ami, et dis-moi ce que tu sais faire ; car si tu peux m'être utile, je pourrais bien t'acheter.

MERCURE. Ne m'importune pas, mon cher ; cesse de l'interroger ; il est ivre, et ne pourrait pas te répondre. Ne vois-tu pas comme il bégaye ?

UN ACHETEUR. Eh ! quel homme sensé voudrait acheter un esclave si corrompu et si débauché ? Combien il exhale de parfums ! Comme sa marche est chancelante et mal assurée ! Mais toi, Mercure, dis-moi, je te prie, quels sont ses talents, et à quoi s'est-il appliqué ?

MERCURE. À une seule chose. Il est bon convive, capable de faire raison le verre à la main, de danser au son des flûtes, dans les festins. Il convient parfaitement à un maître qui s'adonne à l'amour et à la débauche. Il est de plus très versé dans l'art de préparer les mets, et de pétrir des gâteaux. En un mot, c'est un homme savant en voluptés. Élevé dans Athènes, il a été valet des tyrans de Sicile, et s'est acquis auprès d'eux une grande réputation. Le dogme principal de sa philosophie est de mépriser toutes choses, de se servir indifféremment de toutes, et de chercher en tout le plaisir.

UN ACHETEUR. Oh ! tu peux jeter les yeux sur

quelqu'un de riche et d'opulent, car pour moi je ne suis pas en état d'acheter une vie si voluptueuse.

MERCURE. Jupiter, celui-ci a tout l'air de ne point trouver d'acquéreur, et de nous rester.

LUCIEN, *Les Sectes à l'encan*, p. 47-48.

LA JUSTICE. À la bonne heure. Toi, Mercure, appelle d'autres causes.

MERCURE. La Vertu et la Mollesse, au sujet d'Aristippe. Qu'elles se présentent.

LA VERTU. C'est à moi de parler la première. Aristippe m'appartient : ses discours et ses actions le font assez connaître.

LA MOLLESSE. Nullement. C'est moi qui dois parler. Cet homme est à moi, on peut en juger par ses couronnes, sa pourpre et ses parfums.

LA JUSTICE. Ne disputez pas. La cause sera remise jusqu'à ce que Jupiter ait décidé celle de Dionysius. Il y a lieu de croire que le moment n'en est pas fort éloigné. Si la Volupté gagne sa cause, la Mollesse s'emparera d'Aristippe ; et si c'est le Portique qui est vainqueur, Aristippe appartiendra à la Vertu.

LUCIEN, *Les Sectes à l'encan*, p. 162.

On lui demandait un jour auquel des philosophes il donnait la préférence : « Ils me paraissent tous admirables, répondit-il ; mais je révère

Socrate, Diogène m'étonne, et j'aime Aristippe. »

LUCIEN, *Vie de Démonax*, p. 454.

## 4. *Les adversaires*

### *A. Platon*

Une fois Socrate, voyant Aristippe qui portait un vêtement très cher, salit la chaise sur laquelle celui-ci pensait s'asseoir. Et comme Aristippe y prit place avec beaucoup de précautions, il dit : « Je pensais que c'était toi qui possédais le manteau et non pas que c'était le manteau qui te possédait. »

*Gnomologie vaticane*, 743, n. 493, éd. Sternbach.

Platon semblait être un homme jaloux et à cause de son caractère il n'avait pas une bonne réputation. Il se moqua d'Aristippe lorsque celui-ci arriva chez Denys, [en oubliant] que lui-même avait navigué trois fois vers la Sicile.

ATHÉNÉE, XI, 507 b, éd. Kaibel.

Comme Platon demanda un jour à Aristippe, qui était malade, s'il se portait mieux, celui-ci lui répondit que l'homme vertueux va bien même quand il a de la fièvre, tandis que le méchant va mal même quand il n'a pas de fièvre.

*Gnomologie vaticane*, 743, n. 30, éd. Sternbach (Wien. Stud., IX, 1887, p. 190).

Aristippe le Socratique était lui aussi gourmand. Platon lui fit même des reproches concernant sa gourmandise, comme nous le rapportent Sotion et Hègèsandros, originaire de Delphes... En effet, celui-ci écrit : « Comme Platon, un jour, demandait à Aristippe, sur un ton de reproche, pourquoi il avait acheté une telle quantité de poissons, celui-ci répondit qu'il ne les avait payés que deux oboles. Et comme Platon lui dit que lui aussi il aurait pu en acheter pour un tel prix, l'autre répliqua : "Tu vois, Platon, ce n'est donc pas que moi je suis gourmand, mais c'est que toi, tu aimes l'argent". »

ATHÉNÉE, VIII, 343 c, éd. Kaibel.

Comme Platon reprochait un jour à Aristippe d'avoir acheté un poisson très cher en payant douze drachmes, celui-ci lui demanda s'il aurait pu acheter le même poisson pour une seule drachme. Et comme Platon confirma, l'autre dit : « Eh bien, ce qui pour Platon vaut une drachme pour Aristippe en vaut douze. »

*Gnomologie vaticane*, 743, n. 40, éd. Sternbach.

*B. Aristote*

Le plaisir n'est pas du tout un bien, dit-on, parce que : tout plaisir est un devenir senti, vers un état naturel, et qu'un devenir n'est jamais du même genre que sa fin : par exemple un processus de construction n'est jamais du même genre qu'une maison.

ARISTOTE, *Éthique à Nicomaque*, p. 365.

Et c'est pourquoi il n'est pas exact de dire que le plaisir est un devenir *senti*, il faut plutôt le définir comme une activité de la manière d'être qui est selon la nature, et, au lieu de *senti*, mettre *non empêché*. – Il y a aussi les gens qui regardent le plaisir comme un devenir, parce que c'est pour eux un bien au sens absolu, car à leurs yeux l'activité est un devenir, alors qu'en fait elle est tout autre chose.

ARISTOTE, *Éthique à Nicomaque*, p. 369.

Oui, comment l'existence pourrait-elle être agréable quand elle exclut la prudence, quand elle exclut la sagesse ? Et c'est en cela qu'éclate la folie de Sardanapale, l'opulent roi de Syrie qui fit graver sur son tombeau : « Ce que je possède, c'est ce que j'ai mangé et ce qu'a dévoré l'assouvissement de mes passions ; en revanche, voilà mille biens magnifiques que j'ai laissés à l'abandon. » « Aurait-on fait une autre inscription, dit Aristote, s'il s'était agi de commémorer le souvenir d'un bœuf, et non d'un roi ? Les biens qu'il dit posséder dans la mort, il ne les possédait dans la vie même qu'aussi longtemps qu'il en jouissait. »

CICÉRON, *Tusculanes,* V.

*C. Sextus Empiricus*

Nous opposons une règle de vie à une règle de vie : celle de Diogène à celle d'Aristippe. (...) Elle s'oppose à une opinion dogmatique : notre habitude est de demander aux dieux des biens, mais Épicure prétend que la divinité se détourne de nous ; Aristippe trouve indifférent de revêtir la robe des femmes, mais nous le trouvons honteux.

SEXTUS EMPIRICUS, *Les Esquisses pyrrhoniennes*, I, XIV, p. 188-189.

L'orientation des Cyrénaïques est, dit-on, la même que celle du scepticisme, puisqu'elle prétend elle aussi ne saisir que les dispositions. Elle en est différente : l'une prend pour fin le plaisir et le mouvement agréable du corps, et nous, l'ataraxie ; leur fin s'oppose à la nôtre ; car celui qui assure que la fin est le plaisir, comme je l'ai conclu à propos de la fin, endure des troubles s'il jouit ou non du plaisir. Puis nous suspendons le jugement pour rendre raison des objets extérieurs, les Cyrénaïques déclarent que leur nature est insaisissable.

SEXTUS EMPIRICUS, *Les Esquisses pyrrhoniennes*, I, XXXI, p. 204.

*D. Les Stoïciens*

Voilà ce que dit Tullius dans le dialogue *Hortensius*, paroles qui ont dû te faire plus plaisir que celles de Balbus, qui prend le parti des Stoïciens. Bien que vraies, elles portaient néanmoins sur la partie inférieure de l'homme, c'est-à-dire sur le corps, et ne pouvaient en rien t'aider. Voici ce qu'il [Tullius] dit en faveur de la vivacité de l'esprit, contre le plaisir du corps. Doit-on les rechercher, dit-il, ces plaisirs du corps dont Platon a vivement et à juste titre affirmé que ce sont des amorces et des appâts du mal ? Y a-t-il quelque affaiblissement de la santé, quelque distorsion du visage ou du corps, quelque maladie honteuse, quelque chose de déshonorant qui ne soit pas issu du plaisir et provoqué par lui ? Plus l'agitation provoquée par le plaisir est grande, plus elle est hostile à la philosophie. Car on ne peut pas concilier un intense plaisir du corps avec la réflexion. En effet, qui saurait concentrer son esprit, se consacrer à une activité rationnelle et méditer sur quoi que ce soit, tout en jouissant de ce plaisir qui ne saurait être surpassé ? Mais est-ce que quelqu'un pourrait être assez insatiable pour désirer que, jour et nuit, sans le répit d'un tout petit instant, ses sens soient tellement excités qu'ils atteignent les plus grands plaisirs ? Quelle personne sensée, donc, ne préférerait pas qu'aucun plaisir ne nous ait été donné par la nature ?

CICÉRON, *Hortentius*, fr. 81, éd. Müller.

Nous faisons voile de Cassiope à Brindes, sur la mer Ionienne, mer vaste, violente et orageuse. Dès la première nuit, le vent ne cessa de souffler sur le flanc du navire, et l'emplit d'eau. On se lamentait, on travaillait à la sentine ; enfin, le jour parut ; mais la tempête et le danger ne diminuèrent point : loin de là, les coups de vent devenus plus fréquents, un ciel noir, des masses de brouillard, des nuages effrayants, que les matelots appellent trombes, menaçaient d'abîmer le navire. Il y avait là un philosophe célèbre de l'école stoïcienne : je l'avais connu à Athènes. Il jouissait d'une grande considération, et exerçait sur la jeunesse une surveillance assez sévère. Dans notre danger, au milieu du tumulte du ciel et de la mer, je le cherchais des yeux ; j'étais curieux de connaître l'état de son âme et de voir s'il demeurait ferme et inébranlable. Il était calme et intrépide : pas de pleurs, pas le moindre gémissement, au milieu de la désolation générale ; seulement sa physionomie n'était pas moins altérée que celle des autres. Enfin, le ciel s'éclaircit, la mer s'apaisa, et le danger devint moins imminent. Je vis alors s'approcher du stoïcien un Grec de l'Asie Mineure, opulent, entouré d'un nombreux cortège de richesses et d'esclaves, et en quelque sorte accompagné de toutes les jouissances de l'esprit et du corps : « Qu'est-ce, ô philosophe ! lui dit-il d'un ton moqueur ; dans le danger commun vous avez craint et pâli ! Moi, je n'ai ni craint ni pâli. » Le philosophe hésita quelque temps, ne sachant s'il convenait de lui répondre : « Si dans la violence de la tempête, répliqua-t-il enfin, j'ai paru un peu effrayé, vous n'êtes pas digne d'en apprendre la cause ; mais un disciple d'Aristippe vous répondra pour moi. » Dans une circonstance semblable, un homme en tout semblable à vous vint lui demander comment un philosophe pouvait avoir peur, quand il était, lui, sans crainte : « C'est que, lui dit-il, nous ne sommes pas l'un et l'autre dans la même position : tu dois être un peu inquiet de l'âme d'un méchant vaurien ; tandis que moi, je crains pour une âme formée à l'école d'Aristippe. » Par cette répartie, le stoïcien éconduisit le riche Asiatique.

AULLU-GELLE, *Nuits attiques*, XIX, p. 397-399.

Si les voluptés corporelles font encore plaisir lorsqu'elles sont passées, je ne comprends pas pourquoi Aristote se moque fort de l'inscription de Sardanapale, où ce roi d'Assyrie se vante d'avoir emporté toutes les voluptés avec lui dans la tombe. Comment, dit-il, ces voluptés que pendant sa vie il n'a pu sentir qu'au moment même où il en jouissait, comment pourra-t-il encore les goûter dans le tombeau ?

CICÉRON, *Des vrais biens et des vrais maux*, II, XXXII, p. 536.

*E. Les Chrétiens*

Quant à Aristippe, j'estime qu'on n'a même pas à lui répondre. En effet, il s'adonnait dans une telle mesure aux plaisirs du corps, ne se mettant qu'au service de son propre ventre et de Vénus, que je doute qu'il ait été vraiment un homme. Il vécut de telle manière qu'entre lui et une bête il n'y avait aucune différence, si ce n'est le fait qu'il parlait. Si on donnait à l'âne ou au porc ou au chien la faculté de parler et qu'on leur demandait ce qu'ils désireraient pour eux-mêmes, pourquoi courent-ils si ardemment après les femelles, au point qu'ils ont du mal à en être séparés [et] qu'ils ne se soucient même pas de manger ou de boire ; pourquoi chassent-ils violemment les autres mâles ou, quand ils sont eux-mêmes vaincus, ne s'en éloignent-ils pas, mais, au contraire, souvent, plus ils sont accablés, plus ils s'acharnent ; pourquoi ne redoutent-ils ni la pluie, ni le froid ; pourquoi endurent-ils la fatigue et affrontent-ils courageusement tous les dangers ? Eh bien, à toutes ces questions, que vont-ils répondre sinon que le souverain bien c'est le plaisir du corps ! ? Plaisir qu'ils recherchent pour éprouver les plus exquises sensations, si importantes pour eux qu'ils pensent que, pour les atteindre, ils ne doivent se dérober à aucune peine, à aucune blessure, même pas à la mort. C'est donc à ces individus-là, qui ont la même sensibilité que des âmes dépourvues de raison, que nous allons demander des règles de vie ? Les Cyrénaïques disent qu'il faut apprécier la vertu justement en tant que source de plaisir [...] C'est donc de ces individus-là que nous apprendrons à être avisés, eux que seule la parole, et non pas l'intelligence, distingue des bêtes sauvages et des moutons ?

LACTANCE, *Des institutions divines*, III, 8, 6, éd. Brandt.

Cela [la négation de Dieu et de la Providence] a été déjà soutenu par Épicure, Aristippe et les Cyrénaïques, ainsi que par les autres troupeaux de philosophes.

JÉRÔME, *L'Église*, IX, éd. Migne, P.L. XXIII, p. 1138.

Aristippe dans la pourpre, et sous ce masque de la plus grande austérité, s'abandonne à la débauche.

TERTULLIEN, *Apologétique*, p. 53.

Qui osera prétendre voir la vérité dans cette école d'Aristippe, qui ne se distingue en rien, quant à son mode de vie, des porcs et des moutons, et qui affirme que le bonheur consiste dans les plaisirs du corps, dont le dieu est son ventre et la gloire son dévergondage ?

EUCHÈRE, *Du mépris du monde*, éd. Migne, P.L. L, p. 724.

Parvenu à ce point, je me suis souvenu des doctrines introduites par certains hétérodoxes, les gens de la secte de Prodicos, d'après lesquels il ne faut pas prier. Ils ne doivent pas s'enorgueillir de cette sagesse athée comme représentant une école de pensée nouvelle : qu'ils apprennent, en effet, qu'ils ont été devancés par les philosophes appelés cyrénaïques.

CLÉMENT D'ALEXANDRIE, *Stromates*, VII, 41, 1 et 2, p. 145.

Aristippe, le fondateur de la secte cyrénaïque, a été d'avis que le souverain bien était le plaisir du corps : on doit donc le chasser du nombre des philosophes et de la société humaine, pour s'être mis au rang des bêtes.

LACTANCE, *Épitomé des institutions divines*, XXVIII, 3, p. 125.

# CHRONOLOGIE DES DOXOGRAPHES ET DES PHILOSOPHES CYRÉNAÏQUES

## IVe siècle av. J.-C.

*Aristippe (c. 435-c. 350)*
Platon (427-347)
Xénophon d'Athènes (426-354)
Héraclide du Pont (c. 390-c. 310)
Aristote (384-322)
Démétrius de Phalère (c. 350-283)
*Annicéris*
*Hégésias*
*Théodore*
*Antipatros*
*Arétè*
*Aristoxène*
*Aristippe le Métrodidacte*

III^e siècle av. J.-C.

Épicure (342-271)
Callimaque (c. 305-c. 240)
Télès

II^e siècle av. J.-C.

Lucilius (c. 180-102)
Diogène de Sinope (Pseudo-) (entre II^e siècle av. et I^er siècle apr.)
Socrate (Pseudo-)

I^er siècle av. J.-C.

Philodème (c. 110-c. 28 av.)
Cicéron (106-43 av.)
Diodore de Sicile (c. 90-C. 20 av.)
Horace (65-8 av.)
Strabon (c. 63 av.-c. 25 apr.)
Vitruve

I^er siècle apr. J.-C.

Philon d'Alexandrie (c. 20 av.-c. 50 apr.)
Quintilien (35-100)
Dion Chrysostome (c. 40-c. 112)
Plutarque de Chéronée (c. 45-125)
Sénèque (c. 4 av.-65 apr.)
Valère Maxime (I^er siècle av.-I^er siècle apr.)
Clément de Rome (fin I^er-début II^e siècle)

## IIᵉ siècle

Aulu-Gelle
Lucien (c. 120-180)
Apulée (125-170)
Galien de Pergame (129-199)
Clément d'Alexandrie (c. 150-c. 215)
Tertullien (150-222)
Athénée de Naucratis (170-?)
Diogène d'Oenanda
Maxime de Tyr
Tatien (c. 120-?)
Sextus Empiricus (IIᵉ-IIIᵉ siècle)

## IIIᵉ siècle

Élien de Préneste (c. 170-c. 232)
Philostrate l'Athénien (c. 170-c. 245)
Lactance (c. 250-325)
Arnobe (c. 260-c. 327)
Eusèbe de Césarée (c. 263-c. 340)
Minucius Felix
Diogène Laërce

## IVᵉ siècle

Ausone (c. 310-393)
Libanios (314-393)
Épiphane de Salamine (saint) (c. 315-403)
Thémistius de Paphlagonie (c. 317-c. 388)
Grégoire de Nazianze (saint) (c. 330-390)
Jérôme (saint) (347-c. 348)

Jean Chrysostome (saint) (354-407)
Augustin (saint) (354-430)

## Ve siècle

Euchère de Lyon (saint) (c. 380-c. 450)
Proclus (412-485)
Stobée

## VIe siècle

Hésychios

## VIIe siècle et après

Jean Damascène (saint) (c. 650-c. 754)
Eustathe de Thessalonique (XIIe siècle)

## NOTE SUR LA PRÉSENTE ÉDITION

*L'Invention du plaisir. Fragments cyrénaïques* procède du croisement de l'édition en langue italienne de Gabriele Giannantoni, *I Cirenaici*, coll. « Publicazioni dell'Instituto di filosofia dell'Università di Roma », éd. G. C. Sansoni, Florence, 1958, 520 p., et de l'édition néerlandaise en langue latine de Erich Mannebach, *Aristippi et Cyrenaicorum fragmenta*, Leyde-Cologne, E. J. Brill, 1961, XI + 141 p.

Je remercie Ger Groot et Pascale Martello de m'avoir rendu possible l'accès à ces textes (introuvables et épuisés), l'un aux Pays-Bas, à l'université d'Amsterdam, l'autre en Italie à l'université de Naples. J'ai travaillé sur ces deux éditions grâce aux traductions italiennes de Pascale Martello, puis grecques et latines de Smaranda Badilita qui s'est chargée de mettre en français les textes qui ne l'avaient pas déjà été dans une traduction même ancienne qu'*a priori* j'ai toujours préférée. Merci aussi à mon vieux maître plotinien, Lucien Jerphagnon, à qui je dois une relecture à la loupe... À Dorothée Schwartz et Micheline Hervieu pour l'intendance informatique et photocopique. Merci également à Catherine Chaîne-Pigeon pour m'avoir facilité à tous moments l'accès au Fonds ancien de la médiathèque d'Argentan.

J'ai retrouvé, pour ma part, trace de philosophes cyrénaïques et de fragments en dehors de ces deux éditions en une trentaine d'entrées. En revanche, je n'ai pas retenu les textes de Platon tels qu'ils apparaissent longuement cités dans l'édition de Giannantoni. Les références à Aristippe ou aux Cyrénaïques paraissent trop hypothétiques dans les fragments des dialogues retenus pour convaincre vraiment de leur présence dans cette édition.

Cet ouvrage ne se propose pas d'être une édition savante, on l'aura compris. Pour ceux que tenterait une pareille aventure, ou ses développements partiels, se reporter à l'excellent travail de traduction de *Vies et doctrines des philosophes illustres* de Diogène Laërce sous la direction de Marie-Odile Goulet-Cazé au Livre de Poche, La Pochothèque, 1999. L'introduction au livre II (p. 178-198), consacré en partie aux Cyrénaïques, et les notes des pages 273 à 310 fournissent toute la bibliographie possible et savante sur cette question. On gagnera aussi à consulter les notices biographiques des philosophes concernés dans le remarquable *Dictionnaire des philosophes antiques*, sous la direction de R. Goulet, tome I, 854 p. (de Abammon à

Axiothéa), tome II, 1 024 p. (de Babelyca d'Argos à Dyscolius), éd. du CNRS, 1989. Hégésias et Théodore attendront la parution des volumes suivants...

Quoi qu'il en soit, et pour saisir les véritables enjeux de la pensée grecque et latine, on lira *Qu'est-ce que la philosophie antique ?* de Pierre Hadot, Gallimard, coll. « Folio », 1995, un ouvrage magistral et essentiel au titre modeste, qui ouvre des voies sur les usages possibles, aujourd'hui, de la pensée antique. Ce qu'avait superbement compris le dernier Foucault dont on peut aussi lire *L'Herméneutique du sujet*, ses cours professés au Collège de France en 1981-1982, Hautes Études-Gallimard-Éd. du Seuil, 2001.

TABLE

PREMIÈRE PARTIE :
*L'Invention du plaisir* par Michel Onfray ... 9

DEUXIÈME PARTIE :
*Fragments cyrénaïques* ... 51

Fragments biographiques ... 69

1. Parfumé sur l'agora ... 71
2. Le naufrage, leçon d'indépendance ... 79
3. Démystifier la paternité ... 83
4. Le contemporain impliqué ... 84
5. Absent au procès de Socrate ... 87
6. Le célibataire amoureux ... 90
7. La rémunération thérapeutique ... 96
8. La mécanique de l'argent ... 99
9. Objets philosophiques ... 102

Fragments théoriques ............................ 105

1. Une théorie de la connaissance ....... 107
   A. Une pathétique d'affections subjectives ................................ 107
   B. Un nihilisme épistémologique .... 118
   C. Apparence et vérité .................. 123

2. Une éthique hédoniste..................... 127
   A. Le souverain bien........................ 127
   B. Le plaisir, principe téléologique.... 138
   C. Évitement du déplaisir ............... 144

3. Une sagesse pratique........................ 149
   A. Utilité de la philosophie ........... 149
   B. Ascèse et maîtrise......................... 153
   C. Une intersubjectivité ironique..... 159

4. Une politique critique ..................... 164
   A. Dynamique de l'éducation ......... 164
   B. L'exercice courtisan ................... 166
   C. Ni commander, ni obéir ............ 183

Fragments critiques ............................... 193

1. Les disciples........................................ 195
   A. Les Cyrénaïques ......................... 195
   B. Hégésias ....................................... 212
   C. Les Hégésiaques.......................... 214
   D. Annicéris ..................................... 217
   E. Les Annicériens........................... 219
   F. Théodore ...................................... 221
   G. Les Théodoriens.......................... 241
   H. Épicure ....................................... 244
   I. Les Épicuriens ............................. 247

2. Les imitateurs .................................. 249
A. Les lettres socratiques ................ 249
B. Les lettres cyniques ..................... 256

3. La critique ......................................... 258
A. Xénophon et comparses ............. 258
B. Lucien de Samosate ..................... 261

4. Les adversaires .................................. 264
A. Platon ............................................. 264
B. Aristote .......................................... 266
C. Sextus Empiricus .......................... 267
D. Les Stoïciens ................................. 268
E. Les Chrétiens ................................ 271

CHRONOLOGIE DES DOXOGRAPHES
ET DES PHILOSOPHES CYRÉNAÏQUES .................... 275

NOTE SUR LA PRÉSENTE ÉDITION ....................... 279

Composition réalisée par NORD COMPO

Achevé d'imprimer en juillet 2012, en France par
CPI Bussière à Saint-Amand-Montrond (Cher)
N° d'imprimeur : 122181/4.
Dépôt légal 1re publication : janvier 2002.
Édition 05 – juillet 2012
LIBRAIRIE GÉNÉRALE FRANÇAISE – 31, rue de Fleurus – 75278 Paris Cedex 06

42/4323/4

Kardinal Albino Luciani (links) im Gespräch mit einem anderen Kardinal im Vatikan am 26. August 1978, dem Tag seiner Wahl zum neuen Papst.

Der neue Papst Johannes Paul I. erteilt nach seiner Wahl am 26. August 1978 vom Balkon des Petersdoms erstmals den Segen „Urbi et orbi“.

Papst Johannes Paul I. bei einem Spaziergang in den vatikanischen Gärten im Gespräch mit seinem Kardinalstaatssekretär Jean Villot.

*Texte*



*Bilder*